サーマルマネキンを用いた室内温熱環境
評価法規準・同解説

Standards for Evaluation of Indoor Thermal Environment

using Thermal Manikin

2015

日本建築学会

一般社団法人　日本建築学会

ご案内
本書の著作権・出版権は(一社)日本建築学会にあります．本書より著書・論文等への引用・転載にあたっては必ず本会の許諾を得てください．
Ⓡ〈学術著作権協会委託出版物〉
本書の無断複写は，著作権法上での例外を除き禁じられています．本書を複写される場合は，学術著作権協会（03-3475-5618）の許諾を受けてください．

一般社団法人　日本建築学会

序

　温熱環境は室内空間を計画する上で重要な要素であり，温熱感は人体周囲の空気温度，放射温度，気流，湿度などに影響される．人体と周囲環境との熱授受は複雑なため温熱環境をより詳細に測定・評価するためには，人体と同様の形状・姿勢・放熱特性を持つ測定器具があると良い．そのため，サーマルマネキンが開発・利用されるようになり，建築・空気調和設備・自動車・衣服・繊維などの分野でサーマルマネキンを用いた温熱環境測定や人体モデルを用いた数値解析が多く行われるようになっている．

　国際的には車室内温熱環境を対象とした ISO 14505-2「Ergonomics of the thermal environment - Evaluation of thermal environments in vehicles – Part 2：Determination of equivalent temperature，温熱環境の人間工学－車室内の温熱環境の評価－第2部：等価温度の測定」が定められているが，車室内は狭いスペース，直達日射を受けることがあるなど建築室内環境よりも温熱環境分布が大きな環境であり，それより穏やかな環境である建築空間や衣服，寝具などによる人体影響を評価するには適さない内容も含まれている．そのため，ISO 規格をそのまま室内環境評価に適用することは難しい．サーマルマネキンを用いた室内温熱環境の測定方法に関する規準が求められていたが，現在まで制定されていなかった．

　本学会において 2011 年 4 月から 2013 年 3 月まで「サーマルマネキン・人体モデル WG」が，2013 年 4 月から 2015 年 3 月まで「サーマルマネキン学会規準作成小委員会」が開設され，関連した規格，国内外の文献を調査すると共に学会規準案に関する議論を重ねた．当規準は国際規格である ISO 14505-2 との整合性を考慮しながら議論，精査された内容に基づいて作成されたものであり，建築・空気調和設備・自動車・衣服・繊維など幅広い分野で利用できるよう配慮した．なお，本規準では顕熱による熱授受のみを取り扱うものとする．また，本規準を実際にどのように活用できるかを解説書に可能な限り多くの事例を挙げて提供することとした．解説書では，関連研究成果を 19 項目に分類して掲載した．サーマルマネキン研究の歴史をはじめ，前半には温熱感，着衣量，熱抵抗，熱伝達率，気流と放射の影響など基礎的な内容を，後半では暖房性能，室内温熱環境，空調機器，浴室，寝床・寝具，特殊服などの具体的な評価例について述べた．加えて，人体熱モデルと数値流体力学（CFD）を連成した研究例を紹介した．

　本規準が研究者，産業界関係者などに活用され，室内温熱環境及び人体の健康・快適性，ひいては省エネルギー性の向上にも貢献できることを期待している．

2015 年 2 月

日本建築学会

Preface

AIJES H0005-2015-Standards for Evaluation of Indoor Thermal Environment using Thermal Manikin - provides guidelines for the assessment of the indoor thermal conditions by measuring equivalent temperature and dry heat exchange between ambient climate and the human body.

Thermal environment in indoor space is an important element related to human health, comfort, and quality of life. Thermal sensation of a man is primarily influenced by air temperature, radiant temperature, airflow, humidity etc., and it can be predicted by understanding the variations in heat flux between ambient climate and the human body surface.

In order to measure the complex heat exchange between ambient climate and the human body in detail, the thermal manikin method is introduced in this standard. Configuration and thermal characteristics of a thermal manikin is similar to real size human body and is able to simulate various postures. The thermal manikin enables determination of equivalent temperature, which is related to perceived thermal environment. Thermal manikin assessment can be utilized in the fields of architecture, heating and cooling (HVAC), vehicle, clothing and textile etc.

AIJ working group and committee has discussed over four years the standard for utilizing thermal manikins in other fields as well as vehicles. This standard is in compliance with ISO 14505-2 Ergonomics of the thermal environment - Evaluation of thermal environments in vehicles - Part2 : Determination of equivalent temperature.

In order to illustrate how this AIJES can be utilized, more than 20 research reports are provided in the Explanatory Appendix consisting of fundamentals and applications of thermal manikin measurement. The topics include the history of thermal manikins, thermal sensation, thermal resistance and heat transfer coefficient, to applications such as the effects of airflow and radiation, the performance of the HVAC system, thermal environments in various indoor spaces including bathroom and vehicle, and special clothing etc. In addition, the study of computational fluid dynamics (CFD) coupled with the human thermoregulation model is introduced.

We expect this standard can contribute to better human health and comfort as well as energy conservation.

日本建築学会環境基準（AIJES）について

　本委員会では，これまでに，日本建築学会環境基準（AIJES）として13点を発刊するに至っている．また，各分野において，規準等を整備すべく，検討・作成作業が進められてきた．

　AIJESはアカデミック・スタンダードと称し，学会が学術的見地から見た推奨基準を示すことを目的に，「基準」，「規準」，「仕様書」，「指針」のような形で公表されてきた．これらの英文表記は，「Academic Standards for～」としていたが，この「Academic Standards」には教育水準といった意味もあり，AIJESの目的とは異なる意味に解される場合もあり誤解を生ずる恐れがあるとの指摘も寄せられた．

　そこで，2010年度以降に発刊されるAIJESについては，英文表記を「Standards for～」等に変更することを決定した．また，既刊のAIJESについては，改定版刊行時に英文表記を変更することとした．

2010年9月

　　　　　　　　　　　　　　　　　　　　　　　　　　　　　日本建築学会　環境工学委員会

日本建築学会環境基準（AIJES）の発刊に際して

　本会では，各種の規準・標準仕様書の類がこれまで構造・材料施工分野においては数多く公表されてきた．環境工学分野での整備状況は十分ではないが，われわれが日常的に五感で体験する環境性能に関しては法的な最低基準ではない推奨基準が必要であるといえる．ユーザーが建物の環境性能レベルを把握したり，実務家がユーザーの要求する環境性能を実現したりする場合に利用されることを念頭において，新しい学術的成果や技術的展開を本会がアカデミック・スタンダードとして示すことは極めて重要である．おりしも，本会では，1998年12月に学術委員会が「学会の規準・仕様書のあり方について」をまとめ，それを受けて2001年5月に「学会規準・仕様書のあり方検討委員会報告書（答申）」が公表された．これによれば，「日本建築学会は，現在直面している諸問題の解決に積極的に取り組み，建築界の健全な発展にさらに大きく貢献することを目的として，規準・標準仕様書類の作成と刊行を今後も継続して行う」として，本会における規準・標準仕様書等は，次の四つの役割，すなわち，実務を先導する役割，法的規制を支える役割，学術団体としての役割，中立団体としての役割，を持つべきことをうたっている．

　そこで，本委員会では，1999年1月に開催された環境工学シンポジウム「これからの性能規定とアカデミック・スタンダード」を皮切りとして，委員会内に独自のアカデミック・スタンダードワーキンググループを設置するとともに，各小委員会において環境工学各分野の性能項目，性能基準，検証方法等の検討を行い，アカデミック・スタンダード作成についての作業を重ねてきた．

　このたび，委員各位の精力的かつ献身的な努力が実を結び，逐次発表を見るに至ったことは，本委員会としてたいへん喜ばしいことである．このアカデミック・スタンダードがひとつのステップとなって，今後ますます建築環境の改善，地球環境の保全が進むことへの期待は決して少なくないと確信している．

　本書の刊行にあたり，ご支援ご協力いただいた会員はじめ各方面の関係者の皆様に心から感謝するとともに，このアカデミック・スタンダードの普及に一層のご協力をいただくようお願い申し上げる．

2004年3月

日本建築学会　環境工学委員会

日本建築学会環境基準制定の趣旨と基本方針

(1) 本会は,「日本建築学会環境基準」を制定し社会に対して刊行する．本基準は，日本建築学会環境工学委員会が定める「建築と都市の環境基準」であり，日本建築学会環境基準（以下，AIJESという）と称し，対象となる環境分野ごとに記号と発刊順の番号を付す．

(2) AIJES制定の目的は，本会の行動規範および倫理綱領に基づき，建築と都市の環境に関する学術的な判断基準を示すとともに，関連する法的基準の先導的な役割を担うことにある．それによって，研究者，発注者，設計者，監理者，施工者，行政担当者が，AIJESの内容に関して知識を共有することが期待できる．

(3) AIJESの適用範囲は，建築と都市のあらゆる環境であり，都市環境，建築近傍環境，建物環境，室内環境，部位環境，人体環境などすべてのレベルを対象とする．

(4) AIJESは，「基準」,「規準」,「仕様書」,「指針」のような形で規定されるものとする．以上の用語の定義は基本的に本会の規定に従うが，AIJESでは，「基準」はその総体を指すときに用いるものとする．

(5) AIJESは，中立性，公平性を保ちながら，本会としての客観性と先見性，論理性と倫理性，地域性と国際性，柔軟性と整合性を備えた学術的判断基準を示すものとする．
　それによって，その内容は，会員間に広く合意を持って受け入れられるものとする．

(6) AIJESは，安全性，健康性，快適性，省エネルギー性，省資源・リサイクル性，環境適合性，福祉性などの性能項目を含むものとする．

(7) AIJESの内容は，建築行為の企画時，設計時，建設時，完成時，運用時の各段階で適用されるものであり，性能値，計算法，施工法，検査法，試験法，測定法，評価法などに関する規準を含むものとする．

(8) AIJESは，環境水準として，最低水準（許容値），推奨水準（推奨値），目標水準（目標値）などを考慮するものとする．

(9) AIJESは，その内容に学術技術の進展・社会状況の変化などが反映することを考慮して，必要に応じて改定するものとする．

(10) AIJESは，実際の都市，建築物に適用することを前提にしている以上，原則として，各種法令や公的な諸規定に適合するものとする．

(11) AIJESは，異なる環境分野間で整合の取れた体系を保つことを原則とする．

規準作成関係委員（2014年度）

（五十音順・敬称略）

環境工学委員会
委員長　田辺新一
幹　事　羽山広文　村上公哉　中野淳太
委　員　（省略）

企画刊行運営委員会
主　査　佐土原　聡
幹　事　飯塚　悟　田中貴宏
委　員　（省略）

建築学会環境基準作成
主　査　佐土原　聡
幹　事　飯塚　悟　田中貴宏
委　員　（省略）

サーマルマネキン学会規準作成小委員会
主　査　田辺新一
幹　事　尾関義一
委　員　岩本静男　大森敏明　小笠原　岳
　　　　金　　勲　佐古井智紀　佐藤孝広
　　　　永野秀明　西原直枝　高田　暁
　　　　堤　仁美　三浦克弘　和田一樹

執筆委員・執筆協力者

執筆委員

岩本静男　尾関義一　小笠原　岳
大森敏明　金　　勲　佐古井智紀
佐藤孝広　高田　暁　田辺新一
堤　仁美　永野秀明　西原直枝
三浦克弘　和田一樹

執筆協力

伊藤一秀　松永和彦

サーマルマネキンを用いた室内温熱環境評価法規準・同解説

目次

1. 目　　的 1
2. 適用範囲 1
3. 引用規格 1
4. 用語と定義 2
    - 4.1　サーマルマネキン 2
    - 4.2　等価温度 t_{eq} 2
    - 4.3　全身等価温度 $t_{eq,whole}$ 2
    - 4.4　部位等価温度 $t_{eq,segment}$ 2
    - 4.5　熱損失量 Q 2
    - 4.6　部位 2
    - 4.7　作用温度 t_o 2
    - 4.8　皮膚表面温度 t_s 3
    - 4.9　全熱抵抗 R_t 3
    - 4.10　総合熱伝達率 h 3
    - 4.11　対流熱伝達率 h_c 3
    - 4.12　放射熱伝達率 h_r 3
    - 4.13　標準環境 3
    - 4.14　静穏気流条件 3
5. 評価原理 3
6. 等価温度の算出方法 4
    - 6.1　人体からの顕熱損失 4
    - 6.2　全身等価温度 5
        - 6.2.1　算出方法 5
        - 6.2.2　計算式 5
    - 6.3　部位等価温度 5
        - 6.3.1　算出方法 5
        - 6.3.2　計算式 5
7. 測定機器 6
    - 7.1　体型と姿勢 6
    - 7.2　部位の数 6
    - 7.3　結果表示のための部位の決め方 6
    - 7.4　制御方法 6
    - 7.5　回復時間 7
    - 7.6　着衣量 7
    - 7.7　精度 7
    - 7.8　繰り返し誤差 7

	7.9	再現性	7
	7.10	分解能	7
	7.11	測定範囲	7

8. 評価法 8
    8.1   全身等価温度 8
    8.2   部位等価温度 8

9. 報告書 8

附属書A　（参考情報）測定機器の例
    A.1   サーマルマネキン 9
附属書B　（参考情報）校正とその他の決定事項
    B.1   温度測定に関する校正 12
    B.2   総合熱伝達率の校正 12
    B.3   裸体椅座時の総合熱伝達率の例 13
附属書C　（参考情報）等価温度の解釈
    C.1   熱収支から見た等価温度の解釈 14

解説 17

サーマルマネキンを用いた室内温熱環境測定事例 19
    (1)   サーマルマネキンの歴史 20
    (2)   温熱感評価 22
    (3)   着衣熱抵抗値および透湿抵抗値の測定 24
    (4)   夏季衣服の部位有効熱抵抗 28
    (5)   熱伝達率の測定① 30
           熱伝達率の測定② 32
    (6)   気流の影響 34
    (7)   放射の形態係数 36
    (8)   暖房環境の測定 38
    (9)   建物内の評価①　天井タスク空調の評価事例 40
           建物内の評価②　自然換気併用空調の評価事例 42
           建物内の評価③　大空間建築の評価事例 44
    (10) パーソナル空調①　天井/机上吹出しによるタスク・アンビエント空調の評価事例 46
          パーソナル空調②　放射冷房と気流を併用した
                       タスク・アンビエント空調の評価事例 48
          パーソナル空調③　サーマルマネキンを用いた
                       タスク・アンビエント空調の評価事例 50
          パーソナル空調④　パーソナル冷房時の熱伝達特性の決定と温熱生理状態解析 52
    (11) 浴室内における人体廻りの温熱環境 54
    (12) 車室内環境 56
    (13) 寝床環境①　低温環境下での睡眠時の行動的体温調節 58
          寝床環境②　模擬病室における天井放射暖房・各種暖房器具の快適性評価事例 60

(14)	潜熱蓄冷材を用いた冷却衣服の評価	62
(15)	水の蒸発を利用した冷却衣服の評価	64
(16)	人体熱モデル①	66
	人体熱モデル②	68
(17)	数値サーマルマネキン①	70
	数値サーマルマネキン②	72
(18)	数値人体モデルのグリッドライブラリ	74
(19)	様々なマネキン	76

サーマルマネキンを用いた室内温熱環境評価法規準・同解説

1. 目　的

　本規準では，サーマルマネキンの特長や特性，サーマルマネキンを活用するための基礎事項について整理する．また，サーマルマネキンを用いて室内温熱環境を評価する方法を定める．

2. 適用範囲

　本規準は，サーマルマネキンを用いた，住宅やオフィス，自動車等の室内温熱環境の評価法を規定する．主として居住環境の暖房及び冷房の評価に適用される．サーマルマネキンを用いることで人体形状を考慮した測定が可能であり，微弱気流による冷却力や人体に沿った気流を考慮することができる．不均一な温熱環境となる室内に適用することもできる．本規準は熱的に中立な状態からのずれが比較的小さい場合の温熱環境の評価に使用することを想定している．そのため，熱的中立状態からのずれが大きい場合，極端に多量の発汗を伴う場合，極端に気流が強い場合には適用できない．測定原理上，サーマルマネキン本体が定常に達した状態で測定を行う必要があるため，変動する環境の測定には適さず，定常状態またはそれに準ずる温熱環境の評価を対象とする．ISO 14505-2 は車室内を対象としているが，本規格は建築・衣服・繊維などの評価方法を含む．

3. 引用規格

　次に掲げる規格は，この規準に引用されることによって，この規準の規定の一部を構成する．これらの引用規格は，その最新版（追補を含む）を適用する．

- ISO 7726-1998 : Ergonomics of the thermal environment - Instruments for measuring physical quantities, 温熱環境の人間工学－熱環境物理量測定のための機器と方法
- ISO 7730-2005 : Ergonomics of the thermal environment - Analytical determination and interpretation of thermal comfort using calculation of the PMV and PPD indices and local thermal comfort criteria, 温熱環境の人間工学－PMV 及び PPD 指標の計算及び局所熱的快適規準による熱的快適性の分析及び解釈
- ISO 9920-2007 : Ergonomics of the thermal environment - Estimation of thermal insulation and water vapour resistance of a clothing ensemble, 温熱環境の人間工学－着衣の断熱性と透湿抵抗の評価
- ISO 13731-2001 : Ergonomics of the thermal environment - Vocabulary and symbols, 温熱環境の人間工学－用語と記号
- ISO 14505-2-2006 : Ergonomics of the thermal environment - Evaluation of thermal environments in vehicles -- Part 2: Determination of equivalent temperature, 温熱環境の人間工学－車室内の温熱環境の評価－第 2 部：等価温度の決定
- ANSI/ASHRAE Standard 55-2013 : Thermal environmental conditions for human occupancy, 居住者のための温熱環境条件
- AIJES H002-2008：室内温熱環境測定規準・同解説

4. 用語と定義

4.1 サーマルマネキン

人間の大きさと形を持つセンサーで，全身及び部位ごとの等価温度の評価に用いる．独立した部位ごとに供給熱量が測定され，制御方式に従ってそれぞれの部位の表面温度が一定または可変となるように，電力が供給される．表面への供給電力を一定に維持する制御も可能である．評価対象の空間に設置した後，表面温度と表面熱流の両方が一定値になるまで待ってから測定することが前提である．サーマルマネキンを用いることで，人体形状に由来する対流と放射による伝熱過程の複雑さを，サーマルマネキンの表面熱流または表面温度により包括的に把握することが可能である．着衣量の測定や不均一環境の評価などに用いられることもある．人体を複数の部位に分け，各部位に対して，表面温度または熱損失量を制御し測定を行うことで，着衣熱抵抗や不均一温熱環境評価を部位別に行うことができる．本規準で対象とするのは，人体と周辺との間の顕熱交換のみを模したサーマルマネキンである．発汗や不感蒸泄を模した全熱交換を想定したサーマルマネキンも開発されているが，本規準では取り扱わない．

4.2 等価温度 t_{eq} [℃]

ある着衣条件において，評価対象の環境における人体の対流と放射による顕熱交換量と等しい顕熱交換量を生じさせるような，空気温度と平均放射温度が等しいかつ静穏気流下の一様な仮想的環境の温度．

4.3 全身等価温度 $t_{eq,whole}$ [℃]

ある着衣条件において，評価対象の環境におけるサーマルマネキン全身の対流と放射による顕熱交換量と等しい顕熱交換量を生じさせるような，空気温度と平均放射温度が等しいかつ静穏気流下の一様な仮想的環境の温度．

4.4 部位等価温度 $t_{eq,segment}$ [℃]

ある着衣条件において，評価対象の環境におけるサーマルマネキンのそれぞれの部位における対流と放射による顕熱交換量と等しい顕熱交換量を生じさせるような，空気温度と平均放射温度が等しいかつ静穏気流下の一様な仮想的環境の温度．

4.5 熱損失量 Q [W/m^2]

サーマルマネキンからの対流及び放射による顕熱損失量．Q_{whole} は全身からの熱損失量を表し，$Q_{segment}$ は各部位表面からの熱損失量を表す．

4.6 部位

実際の人体部位に対応するサーマルマネキンの分割単位．各部位は独立に制御され，表面温度と熱損失量を測定できる．部位等価温度 $t_{eq,segment}$ は，この部位に対応する等価温度．

4.7 作用温度 t_o [℃]

人体が周囲空間との間で対流と放射によって交換している熱量と等しい熱量を交換するような，均一温度の閉鎖空間の温度．空気温度と平均放射温度の対流熱伝達率と放射熱伝達率の重み付け平均で表される．

4.8 皮膚表面温度 t_s [℃]

サーマルマネキン表面温度．$t_{s,whole}$ は全身の平均皮膚表面温度，$t_{s,segment}$ は各部位の平均皮膚表面温度である．

4.9 全熱抵抗 R_t [(m²·K)/W]

皮膚表面から周囲環境までの熱抵抗．$R_{t,whole}$ は全身の平均熱抵抗，$R_{t,segment}$ は各部位の熱抵抗である．また，$R_{t,cal,whole}$ 及び $R_{t,cal,segment}$ は標準環境における全身及び各部位の熱抵抗である．

4.10 総合熱伝達率 h [W/(m²·K)]

サーマルマネキンの皮膚表面と周囲環境間での対流及び放射による熱伝達率．h_{whole} は全身の平均総合熱伝達率，$h_{segment}$ は各部位の総合熱伝達率である．また，$h_{cal,whole}$ 及び $h_{cal,segment}$ は標準環境における全身及び各部位の総合熱伝達率である．

4.11 対流熱伝達率 h_c [W/(m²·K)]

サーマルマネキンの皮膚表面と周囲環境間の対流による熱伝達率．$h_{c,whole}$ は全身の平均対流熱伝達率，$h_{c,segment}$ は各部位の対流熱伝達率である．また，$h_{c,cal,whole}$ 及び $h_{c,cal,segment}$ は標準環境における全身及び各部位の対流熱伝達率である．

4.12 放射熱伝達率 h_r [W/(m²·K)]

サーマルマネキンの皮膚表面と周囲環境間の放射による熱伝達率．$h_{r,whole}$ は全身の平均放射熱伝達率，$h_{r,segment}$ は各部位の放射熱伝達率である．また，$h_{r,cal,whole}$ 及び $h_{r,cal,segment}$ は標準環境における全身及び各部位の放射熱伝達率である．

4.13 標準環境

空気温度と平均放射温度が同じであり，かつ静穏気流の一様な温熱環境．

4.14 静穏気流条件

概ね 0.15 m/s 以下の気流．

ここで示した用語以外は ISO 13731，ANSI / ASHRAE Standard 55-2013 及び AIJES H002 による．

5. 評価原理

等価温度は人体と周囲環境との熱交換における対流と放射の効果を統合した純粋な物理量である．等価温度及びその部位ごとの分布に基づいて，熱的中立もしくはそれに近い状況における人体の熱収支の状態を評価できる．全身及び局所的な皮膚からの熱損失とその多寡は，温冷感ひいては周囲の温熱環境と密接に関連している．このことから等価温度を用いて温熱環境の質を評価できる．

6. 等価温度の算出方法
6.1 人体からの顕熱損失

着衣状態の人体からの対流熱損失量は式(1)で，放射熱損失量は式(2)で表される．熱伝導による熱損失量は放射や対流による熱損失量よりも小さいとみなし，本規準では対流と放射のみを考慮している．対流熱損失量と放射熱損失量を合算すると式(3)のようになる．

$$Q_c = f_{cl} \cdot h_c (t_{cl} - t_a) \qquad \cdots(1)$$

$$Q_r = f_{cl} \cdot h_r (t_{cl} - t_r) \qquad \cdots(2)$$

$$Q = Q_c + Q_r = f_{cl} \cdot h(t_{cl} - t_o) = \frac{t_s - t_o}{R_t} = \frac{t_s - t_o}{0.155 \times I_t} = \frac{t_s - t_o}{0.155 \times (I_{cl} + \frac{I_a}{f_{cl}})} \quad \cdots(3)$$

ここで，

- I_a ：着衣外表面から環境までの熱抵抗 [clo]
- I_{cl} ：基礎着衣熱抵抗 [clo]
- I_t ：皮膚表面から環境までの熱抵抗 [clo]
- Q ：熱損失量 [W/m²]
- Q_c ：対流熱損失量 [W/m²]
- Q_r ：放射熱損失量 [W/m²]
- R_t ：皮膚表面から周囲環境までの熱抵抗 [(m²·K)/W]
- f_{cl} ：着衣面積比（着衣時の全表面積／体表面積）[-]
- h ：総合熱伝達率 [W/(m²·K)]
- h_c ：対流熱伝達率 [W/(m²·K)]
- h_r ：放射熱伝達率 [W/(m²·K)]
- t_a ：環境空気温度 [℃]
- t_{cl} ：着衣外表面温度 [℃]
- t_o ：作用温度 [℃]
- t_r ：平均放射温度 [℃]
- t_s ：皮膚表面温度 [℃]

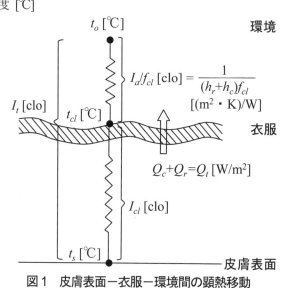

図1 皮膚表面－衣服－環境間の顕熱移動

6.2 全身等価温度
6.2.1 算出方法
　全身等価温度はサーマルマネキンの表面温度及び表面熱流を用いて算出する．測定結果は，表面温度，サーマルマネキンの体型，部位分割数，姿勢などに依存する．部位分割されていないサーマルマネキンでは，周囲環境の不均一性を反映した結果を得ることができない．

6.2.2 計算式

$$t_{eq,whole} = t_{s,whole} - R_{t,cal,whole} \cdot Q_{whole} \qquad \cdots(4\text{-}1)$$

または，

$$t_{eq,whole} = t_{s,whole} - 0.155 \, I_{t,cal,whole} \cdot Q_{whole} \qquad \cdots(4\text{-}2)$$

$$Q_{whole} = \frac{\Sigma(Q_n \cdot A_n)}{\Sigma A_n} \qquad \cdots(5)$$

$$t_{s,whole} = \frac{\Sigma(t_{s,n} \cdot A_n)}{\Sigma A_n} \qquad \cdots(6)$$

A	：表面積 [m^2]
$I_{t,cal,whole}$	：標準環境における皮膚表面から環境までの熱抵抗 [clo]
$R_{t,cal,whole}$	：標準環境における皮膚表面から環境までの熱抵抗 [(m^2・K)/W]
n	：サーマルマネキンの部位番号
Σ	：1~n についての総和

　$R_{t,cal,whole}$ 及び $I_{t,cal,whole}$ は標準環境における皮膚表面から周囲環境までの熱抵抗であり，皮膚表面から着衣外表面までの熱抵抗と着衣外表面の空気層の熱抵抗を合計したものである．但し，測定によっては，特定の温熱環境条件を標準環境の代わりに用いることもできる．

　他のサーマルマネキンによって測定された結果との比較を可能にするため，算出された全身等価温度は，着衣条件，制御方法，皮膚表面温度，部位数などのサーマルマネキンの仕様とともに提示する（附属書 A 参照）．$R_{t,cal,whole}$ または $I_{t,cal,whole}$ は，標準環境での校正により決定する（附属書 B 参照）．

6.3 部位等価温度
6.3.1 算出方法
　部位等価温度は部位ごとの表面温度と表面熱流を用いて算出する．人体のある部位が不均一な環境に曝露される場合は，その部位を分割する方が望ましい．例えば椅座位の場合，大腿部の裏面は椅子に接触しているので，前面と裏面に分割されていることが望ましい．

6.3.2 計算式

$$t_{eq,segment} = t_{s,segment} - R_{t,cal,segment} \cdot Q_{segment} \qquad \cdots(7\text{-}1)$$

または，

$$t_{eq,segment} = t_{s,segment} - 0.155 I_{t,cal,segment} \cdot Q_{segment} \qquad \cdots(7\text{-}2)$$

　$R_{t,cal,segment}$ または $I_{t,cal,segment}$ は，標準環境での校正により決定する（附属書 B 参照）．
　評価対象とする部位は自由に選択できる．隣り合った複数の部位をまとめて一つの部位とみなす場

合，部位等価温度は構成部位の表面積重み付け平均値で表す．例えば大腿部の前面と裏面をまとめて大腿部とする場合，大腿部の等価温度は前面と裏面の表面積重み付け平均値とする．他の測定結果と比較するために，部位等価温度の算出値は，制御方法，姿勢，表面温度，部位分割数，寸法などを，算出に用いた部位の $R_{t,cal,segment}$ と共に提示する（附属書A参照）．

7. 測定機器

附属書Aにサーマルマネキンの例を，「7.4 制御方法」に異なる3種の制御原理を示す．目的に応じていずれかの制御方法を選択する（附属書B参照）．

7.1 体型と姿勢

全身等価温度と部位等価温度は，サーマルマネキンの体型と姿勢に依存する．従って，体型と姿勢は評価対象空間における典型的なものが望ましい．

7.2 部位の数

部位の数が少なすぎると，解像度が低い結果となる．部位の分割位置は伝熱状況が急に変わる箇所とするのが望ましい（附属書A参照）．

7.3 結果表示のための部位の決め方

結果を表示するための部位をまとめることができる．従って，まとめられた部位数は制御分割数と同じである必要はない．例えば，手，前腕，上腕をまとめて腕とすることができる．

7.4 制御方法

基本的に3つの制御方法がある．
・温度一定制御：各部位の皮膚表面温度を一定に制御する．全部位の温度を均一にする必要はない．各部位の皮膚表面温度には現実的な温度を与える．
・熱量一定制御：各部位の発熱量を一定に制御する．全部位の発熱量を均一にする必要はない．温度一定制御やコンフォート制御と比べると定常に達するまでに時間を要する．皮膚表面温度分布は現実的な温度と異なることがある．
・コンフォート制御：各部位の発熱量を皮膚表面温度に依存した等式により制御する．定常に達するまでの時間は温度一定制御と比べると遅くなる．各部位の皮膚表面温度は幅広い温熱環境条件において他の制御法より現実的な値をとる．

表1 3つの制御方法の特徴

方式	安定性	応答時間	表面温度の人体との関係	環境からの受熱がある場合
温度一定制御	○	◎	○	−
熱量一定制御	○	○	−	○
コンフォート制御	○	○	◎	−

◎：優れている ○：問題なし −：対応できないことがある

7.5 回復時間

回復時間は，測定システムの電源を3分間オフにした後に再びオンにしオフ前の定常的な等価温度の平均値±0.5 ℃に回復するのに要する時間である．裸体のサーマルマネキンの回復時間は，制御方法，サーマルマネキンの熱容量，シェルの断熱性などの影響を受ける．回復時間は測定対象によって異なるが20分以内が望ましい．一方，短すぎると安定性に悪影響があることがある．また，着衣状態のサーマルマネキンでは着衣が回復時間に影響を与える．

7.6 着衣量

サーマルマネキンは裸体状態もしくは着衣状態で用いられるが，裸体状態と着衣状態では，算出される等価温度 t_{eq} は同じ値にはならない．

通常，居住者の身体は衣服により覆われている．そのため，着衣状態での評価の方が一般的である．しかし，測定の繰り返し精度は，裸体条件のサーマルマネキンの方が良い．評価対象の環境に応じて現実的な衣服を用いる．同一衣服でも着衣の状態によって着衣熱抵抗が変わることがある．タイトな服を使用することで測定の繰り返し誤差を小さくすることができる．

7.7 精度

精度は，既知の標準環境において算出される等価温度とサーマルマネキンにより測定された等価温度との差である．許容精度は±1℃以内とする．精度はいくつかの要因に影響される．例えば，表面温度，衣服，体型，姿勢，部位数などである(附属書B参照)．空気温度などの測定に関してはISO 7726-1998，AIJES H002-2008 に従う．

7.8 繰り返し誤差

繰り返し誤差とは，同じ測定者が同じサーマルマネキンを使用して，厳密に同じ環境で測定したときに同じ結果が得られる度合いである．等価温度の許容繰り返し誤差は±0.5℃以内とする．

7.9 再現性

再現性とは，異なる測定者が異なるサーマルマネキンで厳密に同じ環境と同じ測定方法を再現したときに同じ結果が得られる度合いである．等価温度の許容再現性は±1.0℃以内とする．

7.10 分解能

分解能は，機器の測定機構や構成要素の仕様に依存する．精度に直接影響するものではない．許容分解能は皮膚表面温度で0.1℃以下，発熱量で1W/m^{2}以下であることが望ましい．

7.11 測定範囲

サーマルマネキンによる測定の第一の目的は，熱的に快適に近い環境を評価することである．0℃<t_{eq}<40℃以外の条件では等価温度の測定結果と温冷感との相関は悪くなる．

8. 評価法

等価温度は物理的な熱交換の状態に関する定量的な温度である．等価温度の値は，一般に望ましいとされる室温に近い温度水準となる．高い値は小さな熱損失すなわちより暑い感覚を示し，低い値は大きな熱損失すなわちより寒い感覚を示す．

温冷感の予測における等価温度の解釈は，異なる等価温度における被験者を用いた一連の実験に基づいている．解釈の例を附属書Cに示す．全ての等価温度に対して人間の反応に対応するデータが得られているわけではないが，等価温度を測定することにより温熱環境の違いを評価できる．サーマルマネキンに関する参考情報を附属書Aに示す．

8.1 全身等価温度

評価する際には，サーマルマネキンを室内の評価位置に設置し，適切な姿勢をとらせる．等価温度の値は姿勢により異なるので，異なる暖房もしくは冷房機器を比較・評価する際には姿勢を統一しなければならない．定常状態に達した後，全身の熱損失を測定する．全身の熱損失はサーマルマネキンの独立した部位の面積重み付け平均である．値の解釈の例を附属書Cに示す．

8.2 部位等価温度

評価する際には，サーマルマネキンを室内の評価位置に設置し，適切な姿勢をとらせる．等価温度の値は姿勢により異なるので，異なる暖房もしくは冷房機器を比較・評価する際には姿勢を統一しなければならない．定常状態に達した後，各部位からの熱損失を測定する．部位等価温度は，独立した個々の部位の測定値によって決定し，その特定の部位の状態のみを表す．また，部位別の等価温度は，計算式からもわかるように，その部位の着衣にも影響されるため，同じ着衣条件で測定する必要がある．

9. 報告書

測定報告書には，原則として次の内容を記載する．

a) 試験機関
　　－試験機関の名称及び所在地
　　－試験責任者名
b) 評価する製品や冷暖房空調システム
c) 試験条件（着衣条件を含む）
d) 測定機器（サーマルマネキンの種類を含む）
e) 結果
f) データ分析
g) 品質管理／品質保証
h) その他の追加事項

附属書A（参考情報）
測定機器の例

A.1 サーマルマネキン

サーマルマネキンは，人間の大きさと形を持つセンサーであり，全身及び部位ごとの等価温度の評価に用いる．サーマルマネキンの独立した部位ごとに，供給熱量が測定され，制御方式に従ってそれぞれの部位の表面温度が一定または特定の拘束式を満たすように，電力が供給される．表面への供給電力を一定に維持する制御も可能である．

サーマルマネキンの発熱方式には大別して以下の3つの方式がある．(1) 皮膚表面発熱方式，(2) シェル内表面発熱方式，(3) 内部空気加熱方式である．(1) の方式では表面塗料の直下にワイヤを巻き付け，発熱と温度計測を行うことで制御を行っている．(2) の方式ではシェル内部に発熱素子を組み込んでいる．(3) はヒーターによって加熱・温度制御された空気をサーマルマネキン内部の空洞に供給することで制御する．(2)・(3) の方式の場合，制御のための表面温度を別途測定する必要がある．サーマルマネキンの構造や制御方法の詳細は文献[1]を参照されたい．

測定と制御はコンピューターシステムによって行われる．一般的に，それぞれの部位について測定する値は電力消費量すなわち熱損失量Q [W/m²]と皮膚表面温度t_s [℃]である．定常状態では各部位への供給電力量の計測値がそのまま，対流，放射，熱伝導による熱損失量（顕熱損失量）の合計値となる．Qやt_sを直接測定できる場合は他のセンサーを必要とせず，等価温度を算出できる．

8体のサーマルマネキンの諸元を図A.1及び表A.1に示す．なお，男性，女性の形状のサーマルマネキンがある．

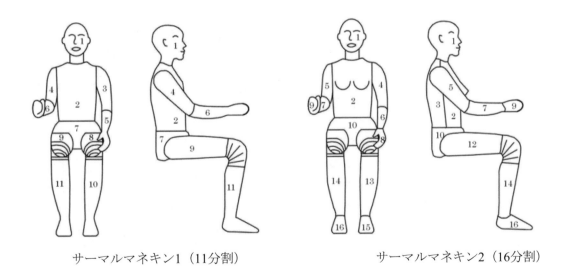

サーマルマネキン1（11分割）　　　　　　サーマルマネキン2（16分割）

図A.1　サーマルマネキンの例

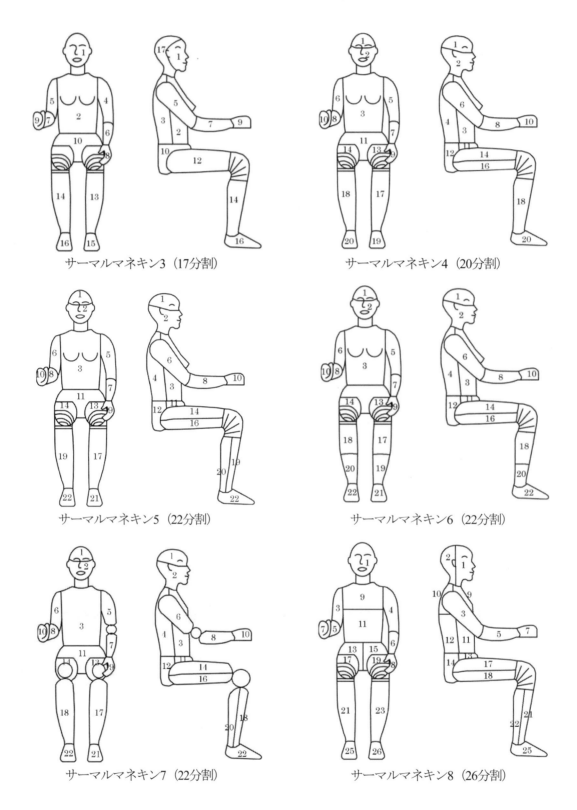

図A.1　サーマルマネキンの例（続き）

表A.1 サーマルマネキンの諸元

	サーマルマネキン1	サーマルマネキン2	サーマルマネキン3	サーマルマネキン4
形状	男性	女性	女性	女性
身長	170cm	165cm	166cm	168cm
重さ	60kg	22kg	31kg	25kg
部位数	11	16	17	20
制御方法	温度一定制御, 熱量一定制御, コンフォート制御[※]			
備考	椅座位固定 日本製	デンマーク製	デンマーク製	デンマーク製

	サーマルマネキン5	サーマルマネキン6	サーマルマネキン7	サーマルマネキン8
形状	女性	女性	男性	男性
身長	166cm	168cm	168cm	178.5cm
重さ	31kg	20kg	20kg	30kg
部位数	22	22	22	26
制御方法	温度一定制御, 熱量一定制御, コンフォート制御[※]			
備考	デンマーク製	デンマーク製	前傾10°可能 デンマーク製	米国製

※一部のサーマルマネキンは全ての制御ができない場合がある.

附属書B(参考情報)
校正とその他の決定事項

B.1 温度測定に関する校正

温度測定に関する校正は,例えば,$t_a=t_r=t_{wall}=34$ ℃±0.2 ℃($\Delta t_{0.1\text{-}1.7m}<0.4$ ℃)の精度を満たす一様温度分布の箱あるいは実験室で行う.壁表面温度が一様である必要がある.カーテンなどをサーマルマネキンの周囲に設置すると比較的容易に条件を設定できる.

温度校正時にはサーマルマネキンは発熱させない.校正は定期的に行う.サーマルマネキンの温度センサー類は使用する全レンジについて校正する必要がある.少なくとも34 ℃と25 ℃の2条件で校正することが望ましい.実験室の性能上,34 ℃で温度一定条件を得ることが難しい場合は可能な限り34 ℃に近い値とする.連続測定の間,面積平均した室内壁面温度とサーマルマネキンの表面温度計測値の差(Δt_{temps})は0.3 ℃以下とする.

校正の概要を図B.1に示す.環境とサーマルマネキンとの熱抵抗を最小限とするためにサーマルマネキンは裸にし,立位ではサーマルマネキンを宙に浮かす必要がある.椅座位では目の粗い網状の椅子に座らせ,両脚を床から離す必要がある.
ファンなどで実験室内の空気を撹拌し,空気温度の均一化を図ることも有効である.

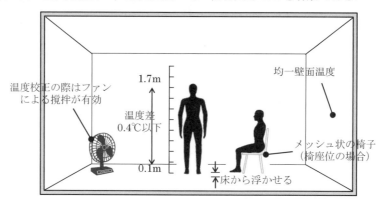

図B.1 校正の概要

B.2 総合熱伝達率の校正

総合熱伝達率の校正は空気温度と各壁面の表面温度が等しい一様温度分布の箱あるいは実験室で行う.また,サーマルマネキン各部位の近傍において静穏気流であることを確認する.風速はサーマルマネキンの発熱が無い条件で測定されたものとする.

サーマルマネキンの姿勢とセンサーに関する特殊な規定はない.センサーは使用する全レンジに対して校正が必要である.変動は±0.2 ℃,また床上0.1〜1.7 mの温度差は0.4 ℃未満とする.

例えば,$t_a=t_r=t_{wall}=25$ ℃±0.2 ℃,$v_a\leqq0.15$ m/s,$\Delta t_{0.1\text{-}1.7m}<0.4$ ℃の条件で校正を行う.

校正条件によって標準環境における総合熱伝達率 h_{cal} は一定ではなく,実験室の空気温度 t_a と皮膚表面温度 t_s の差に依存する.そのため,三つの環境温度,すなわち高温,25 ℃,低温で実施することが望ましい.着衣状態やコンフォート制御のサーマルマネキンでは,総合熱伝達率 h_{cal} は測定範囲内ではほぼ一定と考えることができ[1],25 ℃のみの実施でよい.

校正は定期的に行う．熱伝達率は姿勢により異なるため，サーマルマネキンは評価する実際の環境と同じ姿勢とすること．着衣量を測定する場合などには立位でも椅子や床に座らせて評価することもできる．サーマルマネキンを座らせる場合，目の粗い網状の椅子等に座らせて余分な熱抵抗が加わらないようにする．

部位間の温度差（$\Delta t_{segment}$）は3℃以下とする．また，サーマルマネキンの発熱量を測定し，サーマルマネキンの発熱量が消費電力を上回らないことを確認する．

ここで，
- t_a ：環境空気温度 [℃]
- t_r ：平均放射温度 [℃]
- t_{wall} ：壁表面温度 [℃]
- $\Delta t_{0.1\text{-}1.7m}$ ：床上1.7mと0.1mの空気温度差 [℃]
- Δt_{temps} ：連続測定の間，面積平均した室内表面温度と温度補償された表面温度計測値の差 [℃]
- v_a ：風速 [m/s]

B.3 裸体椅座時の総合熱伝達率の例

図B.2に人工気候室で行った裸体椅座時の各周囲温度に対するコンフォート制御時の総合熱伝達率を示す．各部位によって熱伝達率の値が異なることがわかる．頭部（HEAD）にはかつらを着用している．

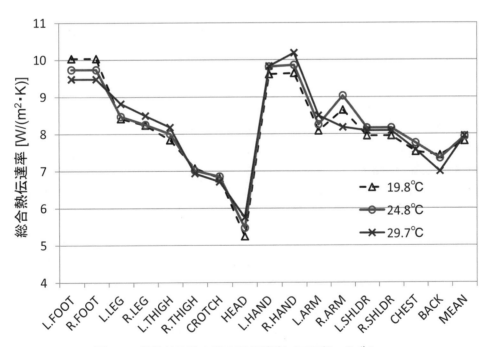

図B.2 裸体椅座時の総合熱伝達率（田辺新一ら[1]）

附属書C（参考情報）
等価温度の解釈

C.1 熱収支から見た等価温度の解釈

定義より，等価温度は実環境と同じ顕熱交換量となるであろう気流が静穏で均一な環境の温度であり，評価したい環境を代表する温度である．ISO 7730 を参考にして熱的中立状態に対する条件を決定できる．等価温度と PMV の関係を，代謝量 1.0〜1.2 met，着衣量 0.3〜1.0 clo，PMV -0.5〜+0.5 に対して求めたものを表 C.1 および図 C.1 に示す．PMV=0 に対応する全身等価温度を，最適温度の第一次近似とみなしてよい．

表 C.1 代謝量，着衣量，PMV に対する全身等価温度の値 [℃]

代謝量 [met]	着衣量 [clo]	PMV [-]		
		-0.5	0.0	+0.5
1.0	0.3	26.5	27.6	28.7
	0.5	25.2	26.5	27.8
	0.7	23.9	25.4	26.8
	1.0	21.9	23.7	25.4
1.1	0.3	25.8	27.0	28.2
	0.5	24.4	25.9	27.3
	0.7	23.0	24.6	26.3
	1.0	20.9	22.8	24.8
1.2	0.3	25.1	26.4	27.8
	0.5	23.6	25.2	26.8
	0.7	22.1	23.9	25.7
	1.0	19.8	22.0	24.2

v_a = 0.15 m/s, 相対湿度=50 %RH
1.0 met=58.2 W/m²

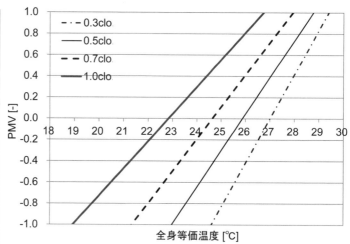

(1.1 met, 風速 0.15 m/s, 相対湿度 50 %)
図 C.1 全身等価温度と PMV の関係

表 C.2 に，着衣量の目安として，男女の典型的な衣服組み合わせを想定し，その基礎着衣熱抵抗 I_{cl} [clo]を示す．I_{cl} 値は，ISO 9920-2007 に基づき算出した．各衣服の有効着衣熱抵抗 I_{clu} は，ISO 9920-2007 Annex B.2 の値を用い，$I_{cl}=\Sigma I_{clu}$ として算出した．サーマルマネキンによる基礎着衣量の測定時の参考となる．

表 C.2　典型的な衣服組み合わせの基礎着衣熱抵抗 I_{cl} [clo]の目安

男性		女性	
下着，半袖Tシャツ，半ズボン，サンダル	0.27	下着，ノースリーブシャツ，フレアスカート（膝丈），サンダル	0.29
下着，半袖Tシャツ，スラックス，ふくらはぎ丈ソックス，靴	0.39	下着，半袖Tシャツ，スカート（膝丈），ストッキング，靴	0.36
下着，半袖襟付きシャツ，スラックス，ふくらはぎ丈ソックス，靴	0.56	下着，半袖襟付きシャツ，スカート（膝丈），ストッキング，靴	0.47
下着，長袖襟付きシャツ，スラックス，ふくらはぎ丈ソックス，靴	0.68	下着，長袖ブラウス，スカート（膝丈），ストッキング，靴	0.62
下着，長袖襟付きシャツ，背広（シングル），スラックス，ふくらはぎ丈ソックス，靴	1.05	下着，長袖ブラウス，スーツジャケット，スカート（膝丈），ストッキング，靴	0.94
下着，長袖襟付きシャツ，背広（シングル），スーツベスト，スラックス，ふくらはぎ丈ソックス，靴	1.12	下着，長袖ブラウス，スーツジャケット，スラックス，ストッキング，靴	1.00

【参考文献】

1) 田辺新一，長谷部ヤエ：皮膚温度可変型サーマルマネキンによる室内環境評価法に関する研究，日本建築学会論文報告集，第448号，pp.1-8，1993

解　説

AIJES-H0005-2015

サーマルマネキンを用いた室内温熱環境評価法
解　説

　この解説は，本文及び附属書に規定・記載した事柄，参考に記載した事柄，並びにこれらに関連した事柄を解説するものであり，規準の一部ではない．

1) 制定の趣旨と経緯
　建築物内における温熱環境の測定と評価のため一般に行われる測定手法は，温度センサーを対象空間に設置して計測するものである．複数の測定点を設けることにより，空気温度や放射温度の空間分布を知ることができ，経時変化も把握できる．

　温熱感は人体周囲での空気温度，放射温度，気流，湿度などに影響される．人体熱授受まで考慮した温熱環境をより詳細に測定・評価するためには，人と同様の形状・姿勢・放熱特性を持つ測定器具が必要である．そこで，サーマルマネキンが開発され，建築・空気調和設備・自動車・衣服・繊維など様々な分野で利用されるようになった．

　国内ではサーマルマネキンを用いた温熱環境の測定規準はなかった．一方，国際規準として ISO 14505-2 が定められているが ISO 規準は車室内環境測定に主眼を置いたものであり，より穏やかな環境である建築物内や衣服・寝具使用による人体影響を評価するには適さない内容も含まれている．

　本規準は 4 年間にわたる WG と小委員会で関連した規準，国内外の文献を調査すると共に実際にサーマルマネキンを利用している研究者たちが議論を重ね精査された内容に基づいて作成されたものである．

2) 審議中に問題となった事項
　サーマルマネキンは円筒型や上下 2 分割型のような簡単なものから分割数が 20 以上ある複雑なものまで存在する．コスト，精度，運用の面でそれぞれ長短があるが，分割数が少なすぎると解像度が低くなるため最低でも 11 分割程度が望ましいという意見もあった．しかし，既往研究との兼ね合いなどから最小分割数は明記しないこととした．

　また，車室内は建築物の室内環境より厳しい温熱環境が形成されるため，ISO 14505-2 では等価温度 t_{eq} の測定対象範囲を 0 ℃から 50 ℃までとしている．一方，建築室内空間では熱的快適域から大きく逸脱しない範囲の環境に対する評価が殆どであるため，本規準では t_{eq} の測定範囲を 0 ℃から 40 ℃までとした．

　本規準では，標準環境を「空気温度と平均放射温度が同じであり，静穏気流の一様な温熱環境」と定義している．精度と信頼性の高い測定のためには標準環境の定義が重要であるが，気流条件については ISO 14505-2 が示している 0.05 m/s 以下は人工気候室でも実現が難しいということと，測定場所及びサーマルマネキンの発熱状態などの具体的な条件が記述されておらず曖昧であることが指摘された．発熱するサーマルマネキン周囲には，自然対流により 0.1～0.25 m/s 程度の気流が発生するため，本規準ではより現実的で再現可能な静穏気流条件として気流速度 0.15 m/s 以下が望ましいとした．

3）サーマルマネキンを用いた室内温熱環境測定事例

　サーマルマネキンは様々な研究に利用できる．そのため，作成にあたり留意した点は，本規準を実際にどのように活用することができるかを，可能な限り多くの事例を挙げて提供することであった．

　測定事例には，各委員とサーマルマネキン関連の研究者が行ってきた研究成果を19項目に分類して掲載した．サーマルマネキン研究の歴史をはじめ，温熱感，着衣量，熱抵抗，熱伝達率，気流と放射の影響など基礎的な内容を前半で述べ，後半では暖房性能，室内温熱環境，空調機器，浴室，車室内，寝床・寝具，特殊服などの具体的な評価例について述べた．また，ベビーマネキン，手足マネキン，発汗マネキンなどの特殊なサーマルマネキンを紹介した．加えて，人体熱モデルと数値流体力学(CFD)を連成した数値計算に関する研究例を紹介した．

　本規準の他に，Aalborg University, Gävle University, Syracuse University, 東京大学がパートナーとして登録されている cfd-benchmarks.com では2Dベンチマーク，空気質，熱的快適性，タスク換気に関して今まで行われてきたマネキン，人体モデル，CFDに関する研究事例と文献を紹介している．また，九州大学 http://www.phe-kyudai.jp/research_01.html では数値人体モデルグリッドライブラリを公開しているので，適宜参照されたい．

　また，サーマルマネキンは日本を含む世界中のいくつかの会社から製品として販売されており，これらの企業のホームページなどから有益な情報を得ることができるが，本規準では中立性を確保する視点からそれらのアドレス等は記さないこととした．

サーマルマネキンを用いた室内温熱環境測定事例

サーマルマネキンを実際の測定に使用した事例を収集した．

執筆者

(1)	サーマルマネキンの歴史	田辺新一，堤仁美
(2)	温熱感評価	尾関義一
(3)	着衣熱抵抗値および透湿抵抗値の測定	西原直枝
(4)	夏季衣服の部位有効熱抵抗	佐古井智紀
(5)	熱伝達率の測定①	田辺新一
	熱伝達率の測定②	大森敏明
(6)	気流の影響	小笠原岳
(7)	放射の形態係数	尾関義一
(8)	暖房環境の測定	大森敏明
(9)	建物内の評価①	三浦克弘
	建物内の評価②	三浦克弘
	建物内の評価③	和田一樹
(10)	パーソナル空調①	小笠原岳，三浦克弘
	パーソナル空調②	和田一樹
	パーソナル空調③	永野秀明
	パーソナル空調④	佐古井智紀
(11)	浴室内における人体廻りの温熱環境	小笠原岳
(12)	車室内環境	松永和彦，永野秀明
(13)	寝床環境①	佐古井智紀
	寝床環境②	堤仁美
(14)	潜熱蓄冷材を用いた冷却衣服の評価	西原直枝
(15)	水の蒸発を利用した冷却衣服の評価	佐古井智紀
(16)	人体熱モデル①	田辺新一
	人体熱モデル②	佐古井智紀
(17)	数値サーマルマネキン①	尾関義一
	数値サーマルマネキン②	大森敏明
(18)	数値人体モデルのグリッドライブラリ	伊藤一秀
(19)	様々なマネキン	堤仁美

(1) サーマルマネキンの歴史

1. はじめに

サーマルマネキンは，60年以上の間，研究や開発目的で使用されてきた．ここでは，その開発の歴史について述べる．

2. 国際的なサーマルマネキン開発の歴史

サーマルマネキンの歴史は，Holmér による Themal manikin history and applications, Eur J Appl Phisiol, 92, pp.614-618, 2004 [1]に詳しくまとめられている．ここでは，本論文を参照しながらサーマルマネキン開発の歴史を紹介する．

現在，世界中で100体以上のマネキンが使用されている．表1-1に，サーマルマネキンの主要な開発例及び研究を示す．主要な開発例として，全身1部位のマネキン，複数の部位に分割され各部位が独立制御可能になったマネキン，デジタル制御のマネキン，材料をプラスチックにすることで価格を抑えたマネキンなどがある[2]．表1-1中には，開発された国とおおよその年代も示した．

第1号マネキンは，1部位から成る銅製マネキンであり，1940年代初頭に米軍によって開発された（表1-1中の1）．このタイプのマネキンは何体か製造され，現在でも使用されているものがある．各部位の詳細なデータが欲しいとのニーズにより，複数の部位から構成され，それらが独立制御できるマネキンが作られた．（表1-1中の2-14, 8は除く）．今日使用されているマネキンのほとんどは，15部位以上から構成されている．

デジタル制御技術によって，マネキンは大きく前進した．これにより，よりフレキシブルな制御や正確な測定が可能になった．

フランスのマネキン（表1-1中の3）は冷却技術を使用して作られた．これにより，熱取得の測定が可能になった[3]．これは，熱防御服の評価に使用されている．"Thermo-man"（表1-1中の8)は，強度の対流・放射熱曝露時の表面温度測定センサを持つパッシブマネキンである[4]．

立位姿勢しか取れないサーマルマネキンの測定値は，実際の環境で測定した値と必ずしも一致しない．それゆえ，関節を持ち，座ったり，歩行やサイクリングといった動作が可能なマネキンが開発された（表1-1中の4-6及び11-17）．

顕熱だけでなく，人間の発汗を模擬することができ，蒸発による熱移動を測定できるマネキンもある（表1-1中の10）[5,6,7]．

女性の形をしたマネキンは1989年に初めて現れた（表1-1中の11）[8]．

室内環境分野においてもマネキンが使用されるようになり，呼吸を模擬できるマネキンが開発された（表1-1中の12）[9]．

近年，マネキン開発には2つの傾向がみられる．一つは，研究や応用試験用に複雑化し，複数機能を持つサーマルマネキンである．一例として，発汗し，リアルな歩行動作を模擬できるスイスのマネキン SAM がある（表1-1中の13）[10]．他の例として，車室内試験のために特化したアメリカ製の発汗マネキン ADAM がある（表1-1中の14）[11]．マネキンの体には，水槽や各部位を加熱するためのバッテリー，制御やデータ取得のために必要なすべての回路が取り付けられている．

もう一方の傾向は，正確性・信頼性を持ちながらもシンプルなマネキンである．これは，安価であり，たとえば建築実務関係者や小規模な衣服製造業者でも使用することができる（表1-1中の16-17）[12,13]．これらのタイプのマネキンは，全身で一つの熱抵抗（表1-1中の16-17）

表1-1　人体形状を持つサーマルマネキンにおける主要な開発・研究　［文献[1]より作成］

	特徴	素材	制御方法	可動	開発された国、年代
1	1部位	銅	アナログ	−	米国 1945
2	複数部位	アルミニウム	アナログ	−	英国 1964
3	放射マネキン	アルミニウム	アナログ	−	フランス 1972
4	複数部位	プラスチック	アナログ	可動	デンマーク 1973
5	複数部位	プラスチック	アナログ	可動	ドイツ 1978
6	複数部位	プラスチック	デジタル	可動	スウェーデン 1980
7	複数部位	プラスチック	デジタル	可動	スウェーデン 1984
8	火災用マネキン	アルミニウム	デジタル	−	米国
9	液浸マネキン	アルミニウム	デジタル	可動	カナダ 1988
10	発汗マネキン	アルミニウム	デジタル	−	日本 1988
		プラスチック	デジタル	可動	フィンランド 1988
		アルミニウム	デジタル	可動	米国 1996
11	女性マネキン	プラスチック シングルワイヤー	デジタル、comfort regulationモデル	可動	デンマーク 1989
12	呼吸機能を持つサーマルマネキン	プラスチック シングルワイヤー	デジタル、comfort regulationモデル	可動 呼吸シミュレーション	デンマーク 1996
13	発汗マネキン	プラスチック	デジタル、顕熱30部位、発汗125部位	現実的な動作	スイス 2001
14	内蔵型、発汗フィールド用マネキン	金属	デジタル、126部位	関節式	米国 2003
15	ヴァーチャル、コンピューターマネキン	数値モデル	熱・物質移動シミュレーション	関節式	中国 2000 英国 2001 スウェーデン 2001 日本 2002
16	1部位、発汗マネキン	通気性のある繊維	デジタル、水で加熱	可動	中国 2001
17	1部位マネキン	風防繊維	デジタル、空気で加熱	可動	米国 2003

や，蒸発抵抗を算出することしかできない（表 1-1 中の 16）．

加えて，近年，数値モデルやシミュレーションによるバーチャルマネキンも開発されてきている．田辺らは，車室内研究で使用できる CFD ベースの評価プログラムを開発した[14]．コンピュータの発展に伴い，室内，車，着衣分野において，数値モデルを用いてサーマルマネキンとマネキン-環境間の相互関係を模擬することが可能になっている．Li ら[15]は，コンピュータを用いた着衣システムにおける熱湿気移動モデルを開発した．Buxton[16]によって開発中の同様のモデルでは，全身のスキャナや実際の動作記録によるモーションパターンから得られる人体データを用いている．Nilsson and Holmér[17]は，シミュレーションと分析のための工学ツール開発のため実際に試着した条件の測定値，マネキンによる測定値，バーチャルマネキンを用いた CFD モデルでの計算値を比較した．

3. 日本国内におけるサーマルマネキンの歴史 [18]

日本では，戸田[19]による立位銅製マネキンや三平ら[20]による立位肩関節部旋回可能マネキンがある．また，田村ら[21]は被覆した空気層と熱抵抗との関係などについて研究を行っている．三平らは，着衣断熱性能評価のみならず室内環境評価のためにマネキンを作製した．興味深いのは，三平らはサーマルマネキンを人体形状をしたグローブ温度計と考え環境評価を行っていた点である．ソーラーハウスの放射環境の測定に役立たせようとしていた．そのマネキンは，内部発熱型の金属製マネキンであった．その後の国産のサーマルマネキンは三平のマネキンを源流としている．アルミ製のマネキンを国内2社が製造販売を行っていた．非常に重く，黒体のマネキンであった．そのため，熱容量が大きかったが，アルミあるいは銅の厚さは人間の熱応答時間に合わせるように考慮されていた．発熱しないアルミ製のマネキンは，消防服の試験などにも使用されている．

着衣抵抗に関しては，田村らが非常に多くの基礎データを公表している．通常のサーマルマネキンは顕熱しか取り扱うことができないが，国内では，東洋紡が発汗サーマルマネキンを作成して衣服内の温湿度の快適性に関する研究を行っている．発汗機構を模擬するには多くの費用を必要とするため，田村らは点滴のシステムを利用して保湿性のある衣服を着せたサーマルマネキンに定常的に水分を供給して擬似的に発汗を模擬するマネキンを開発している．また，田辺らは従来の黒色マネキンを肌色にして椅子座が可能な工夫を行った[20,21]．そのサーマルマネキンを用いてエアコンなどの快適性評価を行った．

現在も国内では，様々なサーマルマネキンが建築，空調，自動車，衣服などの分野で使用されている．

[参考文献]

1) Holmér I: Thermal manikin history and applications, Eur J Appl Phisiol, 92, pp614-618, 2004
2) Holmér I: Thermal manikins in research and standards. In: Nilsson H, Holmér I(eds) Thermal manikin testing. National Institute for Working Life, Stockholm, pp. 4-9, 2000
3) Aubertin G, Cornu J-C: Methode de mesure de l'efficacite de tissus et materiaux composites souples destines a la confection de vetements de protection contre le rayonnement infrarouge, Institut National de Recherche et de Securite, Nancy, 1990
4) Behnke WP, Geshury AJ, Barker RL: "Thermo-man": Full scale tests of thermal protective performance of heat resistant fabrics, Proceedings of the 4 th international conference on environmental ergonomics, September 1990, Austin, Texas, pp. 70-71, 1990
5) Burke RA, O'Neill FT, Stricker P: The development of a heat pipe driven manikin with variable flow irrigated skin, Proceedings of the 6 th international conference on environmental ergonomics, September 1994, Montebello, Canada, pp. 196-197, 1994
6) Dozen Y, Adachi K, Ohthuki S, Aratani Y, Nishizakura L, Saitoh T, Mizutani T, Thuchida K, Kawashima S, Nagai Y, Yamaguchi S, Harada K, Takenishi S, Studies of the heat and moisture transfer through clothing using a sweating thermal manikin, In: Mercer JB (ed)Thermal physiology 1989, Excerpta Medica, Amsterdam, pp. 519-524, 1989
7) Meinander H, Coppelius- a sweating thermal manikin for the assessment of functional clothing, Proceedings of NORKOBETEF IV: quality and usage of protective clothing 5-7, February 1992, Kittilä, Finland, pp. 157-161, 1992
8) Madsen TL: A new generation of thermal manikins, Thermal Insulation Laboratory, Technical University of Demark, 1989
9) Nielsen PV: The importance of a thermal manikin as source and obstacle in full scale experiments, In: Nilsson H, Holmér I (eds) Thermal manikin testing 3IMM, National Institute for Working Life, Stockholm, pp. 92-98, 2000
10) Richards M, Mattle M: Development of sweating agile thermal manikin-SAM, Proceedings of the 4 th international meeting on thermal manikins, September 2001, St. Gallen, Switzerland, 2001
11) Burke R, Mc Guffin R: Development of an advanced thermal manikin for vehicle climate evaluation, Proceedings of 4th international meeting on thermal manikins, September 2001, St. Gallen, Switzerland, 2001
12) Dukes-Dobos F, Reischl U: A simple and inexpensive thermomanikin – development of a prototype, Proceedings of the 2nd European conference on protective clothing (ECPC) and NOKOBETEF 7, May 2003, Montreux Switzerland, 2003
13) Fan J, Chen Y, Zhang W: A perspiring fabric thermal manikin: its development and use, Proceedings of the 4th international meeting on thermal manikins, September 2001, St. Gallen, Switzerland, 2001 , 2001
14) Tanabe S, Ozeki Y: Numerical comfort simulator for evaluating thermal environment, Proceedings of the 10th international conference on environmental ergonomics, September 2002, Fukuoka, Japan, 2002
15) Li Y, Newton E, Luo X, Luo Z: Integrated CAD for functional textiles and apparel, In: Kuklane K, Holmér I (eds) Ergonomics of protective clothing, National Institute for Working Life, Stockholm, pp. 8-11, 2000
16) Buxton A: Recent developments of the virtual manikin, Proceedings of the 4th international meeting on thermal manikins, September 2001, St. Gallen, Switzerland, 2001 , 2001
17) Nilsson HO, Holmér I: Comfort climate evaluation with thermal manikin method and computer simulation models, Indoor Air, 13, pp. 28-37, 2003
18) 田辺新一：居住環境の快適性研究動向－サーマルマネキンと人体モデル－，空気調和・衛生工学会，第 84 巻第 2 号, pp.83-89, 2010
19) 戸田嘉秋: 衣服研究用銅製人体模型の創作とその応用　第 1 報，日本衛生学雑誌, 13, pp.145, 1958
20) 三平和雄, 多屋秀人, 荒井広: サーマル・マネキンに関する研究, 人間工学誌, 13-2, pp.47-53, 1977
21) 田村照子, 岩崎房子: サーマルマネキンによる被服の熱抵抗に関する研究（第 1 報），文化女子大紀要, 18, pp. 221-229, 1985
22) 田辺新一, 長谷部ヤエ: 皮膚温度可変型サーマルマネキンによる室内環境評価法に関する研究, 日本建築学会論文報告集, 第 448 号, pp.1-8, 1993
23) 田辺新一, 長谷部ヤエ, 西村美加: サーマルマネキンによる基礎着衣熱抵抗の測定法比較, 繊維学会誌, 第 50 巻, 4 号, pp.180-187, 1994

(2) 温熱感評価

1. はじめに

温熱感評価では、温熱環境6要素を基にして対象とする環境における人体の暑さ、寒さが主として検討される[1]。快適感もあわせて検討されることがある。加えて、暑熱環境では発汗感なども検討される。一般に人体の評価では、全身または部位が対象となり、状態として定常または非定常がある。標準化された評価方法として、暑熱環境ではISO7243[2]、ISO7933[3]、寒冷環境ではISO/TR11079[4]、快適環境ではISO7730[5]などがあり、基本的に均一環境を対象としている。不均一環境に対応する規格としてASHRAE Standard 55[6]、乗り物などを対象としたISO14505[7]がある。

温熱感評価指標には、作用温度、等価温度、予想平均申告（PMV）[8]、標準新有効温度（SET*）[9]などがある。さらに局所温熱感評価では、不均一放射、ドラフト、上下温度分布、床温度などが用いられる。

温熱感評価方法には、測定、数値計算、両者を複合した方法がある。

1.1 測定による評価

温度、気流、湿度など環境の物理要素を測定して温熱感を評価する。温熱指標として暑熱環境では熱ストレス指標HSI、WBGT指数、寒冷環境では風冷指数WCI、必要着衣量IREQ、比較的中立となる環境ではPMVがある。また、コンフォートメータ、サーマルマネキンなどにより温熱指標を直接算出することも可能である。一方、被験者実験により、皮膚温、放熱量を計測し、さらに衣内湿度からぬれ面積率を算出し温熱感を評価する。温熱感に関する申告データを直接得て評価することもある。屋外環境、半屋外環境、オフィスビルなどでは、アンケート調査により暑熱環境における熱的不快感を定量評価したり、不特定多数を対象としたデータを得ることも可能である。被験者を用いる場合には、性差、年齢、体格などに注意する必要がある。

1.2 数値計算による評価

1) 人体形状を考慮して評価 人体の姿勢、体格などを3D形状モデルで表し、人体内部にサーマルマネキン熱制御モデルもしくは体温調節制御モデルを組み込み、CFDなどによる人体周囲環境解析との連成により人体周りの物理量、人体生理量を算出する。これを基に人体温熱感を評価する。典型的な人体3D形状モデルが公開されており[10]、多くの検討事例が見られるようになった。

2) 人体形状を考慮せず点として評価 人体が周囲空間に影響を与えないと仮定すると、CFDなどによる空間環境解析結果を基に、評価したい位置での人体周囲物理量を算出し、PMVなどの温熱感を求めることができる。人体熱モデルを組み込む必要がなく、簡便に温熱感を評価することが可能である。

1.3 測定と数値モデルの複合評価

人体熱モデルの境界条件を測定結果から算出し、人体熱モデルに代入して解くことにより人体温熱感を評価することができる。時系列測定結果を基にした非定常温熱感評価も可能であり、温熱指標SET*などに基づく検討例も見られる。

人体の生理量と温熱感は関連性が高いことから、人体生理量を基にして全身、局所、さらには定常、非定常状態の温熱感を定量化する試みもなされている[11,12]。例えば、測定された人体生理量、温熱感申告結果から両者を回帰式により結合する方法、人体生理量と温熱感申告結果をマップ化して対応させる方法などが見られる[13,14,15]。

2. サーマルマネキン活用事例

Nilsson[16]らは、サーマルマネキン・被験者を用い、様々な温熱環境における実験を実施し、部位別に得られたサーマルマネキンの等価温度と被験者温熱感申告結果との対応を検討している。ISO14505の事例としても引用されている。図2-1に等価温度と温熱感との対応を検討した結果を示す。

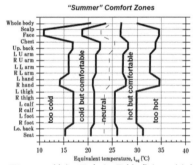

図2-1 等価温度と温熱感との対応

佐古井ら[17,18]は、椅座、定常環境下における、全身快適感OTC（Overall Thermal Sensation）、頭の暑さに伴う不快感HDSH（Hot Discomfort Sensation）、下腿と足の寒さに伴う不快感CDSF（Cold Discomfort Sensation）を提案し、局所皮膚温、局所乾性放熱量で表す式を示している。さらに万ら[19]は、CFD・人体熱モデル（Sakoiモデル）を連成し、不均一環境下の全身快適感OTCを算出した。図2-2に解析対象空間を、図2-3に冷房方式の差異による全身快適感OTCの算出結果を示す。

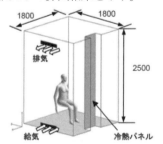

図2-2 解析対象空間

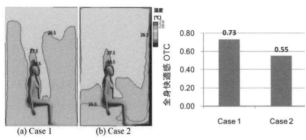

図2-3 温度分布、全身快適感OTC算出結果

吉村・小林ら[20,21)]は、不均一環境下の部位別温冷感を予測するZhangモデル[22)]を用い、非定常車室内環境下の部位別温冷感予測結果と被験者実験結果を比較している。部位別温冷感は比較的対応するが、快不快感は対応せず、検討の余地があることを示している。図2-4～6に検討結果の一例を示す。

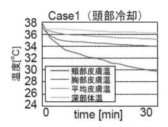

図2-4 生理量測定結果

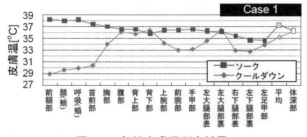

図2-5 部位皮膚温測定結果

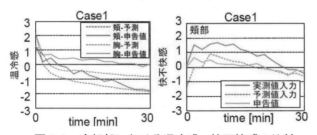

図2-6 冷却部における温冷感、快不快感の比較

森・松本・高田ら[13,14,15)]は、非定常状態の全身温冷感を5つの生理量（皮膚表面熱流、平均皮膚温、平均皮膚温の変化率、鼓膜温、鼓膜温の変化率）の線形化加算により予測する方法を提案している。さらに非定常状態の全身温冷感を皮膚温とその変化率の2次元温冷感マップにより予測する方法も提案している。

今後の課題として、年齢差、性差、体格差、個人差の考慮、近年提案されている新たな概念"環境適応モデル（アダプティブモデル）"[23)]、人体熱モデルを基にした温熱感・快適感の予測などがあり研究成果が期待される。

【参考文献】
1) 空気調和・衛生工学便覧（第14版），空気調和・衛生工学会，2010
2) ISO 7243 : 1989, Hot environments - Estimation of the heat stress on working man, based on the WBGT-index (wet bulb globe temperature)
3) ISO 7933 : 2004, Ergonomics of the thermal environment - Analytical determination and interpretation of heat stress using calculation of the predicted heat strain
4) ISO/TR11079 : 1993, Evaluation of cold environments - Determination of required clothing insulation (IREQ)
5) ISO 7730 : 2005, Ergonomics of the thermal environment - Analytical determination and interpretation of thermal comfort using calculation of the PMV and PPD indices and local thermal comfort criteria
6) ANSI/ASHRAE Standard 55-2010 : Thermal environmental conditions for human occupancy
7) ISO 14505-2 : 2006, Ergonomics of the thermal environment - Evaluation of thermal environments in vehicles -- Part 2: Determination of equivalent temperature
8) P.O. Fanger : 1970, Thermal Comfort, Danish Technical Press
9) A.P. Gagge, et al.; 1977, An effective temperature scale based on a simple model of human physiological regulatory response, ASHRAE Trans. 77(1)
10) 伊藤ら：数値解析用Virtual Manikinの開発とグリッドライブラリ作成，空気調和衛生工学会論文集，No.113, 2006.8
11) 尾関ら：人間熱環境系快適性数値シミュレータ（その47）人体モデルを用いた局所温冷感予測手法の提案，日本建築学会梗概集，2012
12) 尾関ら：人間熱環境系快適性数値シミュレータ（その48）人体モデルを用いた非定常状態における局所温冷感予測手法の検討，日本建築学会梗概集，2013
13) 森ら：非定常状態における温冷感予測に関する実験的考察，日本建築学会計画系論文集，第563号，2003.1
14) 高田ら：非定常状態における温冷感予測に関する研究，皮膚温を用いた予測式の提案，日本建築学会大会学術講演会梗概集，2009.8
15) 松本ら：非定常状態における温冷感予測に関する研究，皮膚温を用いた2次元温冷感マップの提案，日本建築学会大会学術講演会梗概集，2010.9
16) H.O. Nilsson : Comfort Climate Evaluation with Thermal Manikin Methods and Computer Simulation Methods, PhD., 2004
17) 佐古井ら：不均一温熱環境の評価法に関する研究，第3報－局所皮膚温と局所乾性放熱量による椅座時の熱的快適性表現式，空気調和衛生工学会論文集，No.126, 2007.9
18) 佐古井ら：3次元人体熱モデルの開発と不均一熱条件下での快適性予測，空気調和・衛生工学会学術講演会講演論文集，2005.9
19) 万ら：暖房方式の違いによる不均一環境下の温冷感予測（その2）人体熱モデルを用いた全身快適感の予測，日本建築学会大会学術講演会梗概集，2010.9
20) 小林ら：人間－熱環境系シミュレータ（その43）部位別冷却時の車室内乗員の快適性予測手法に関する研究（その1），日本建築学会大会学術講演梗概集，2011.8
21) 吉村ら：人間－熱環境系シミュレータ（その44）部位別冷却時の車室内乗員の快適性予測手法に関する研究（その2），日本建築学会大会学術講演梗概集，2011.8
22) H. Zhang : Human Thermal Sensation and Comfort in Transient and Non-Uniform Thermal Environments, PhD., 2003
23) R. J. de Dear et al. : Developing an adaptive model of thermal comfort and preference, ASHRAE Trans, Vol. 104, 1998

(3) 着衣熱抵抗値および透湿抵抗値の測定

1. はじめに

本規準では，サーマルマネキンを用いて室内温熱環境を評価するための方法を定めることを目的としているが，この他にも，サーマルマネキンの利用方法の代表的なものとして，着衣の熱抵抗値や透湿抵抗値の測定がある．本節では，サーマルマネキンを用いた基本的な熱抵抗値や透湿抵抗値の測定について述べる．

2. 着衣の熱抵抗値
2.1 着衣量

人間は体温調節の際，衣服を用いて身体から環境への熱移動量を調節する．このような観点から，衣服の熱抵抗（着衣量）は温冷感に影響を与える要素の一つであるといえる．

皮膚面から着衣の外表面までの熱抵抗を，基礎着衣熱抵抗値（クロ値）といい，衣服の熱抵抗値は，クロ(clo)という単位で表す[1]．

定義は，「椅座位安静時，室温 21 ℃，相対湿度 50 %，静穏気流下（0.1 m/s）の環境において，成人が快適に感じる着衣の断熱性能を 1 clo とする」というものである．人体からの顕熱損失量を 44 W/m² とし，室温 21 ℃，相対湿度 50 %，気流 0.1 m/s の条件において，平均皮膚温を快適時の値である 33 ℃に保つことができる熱抵抗値を算出し，さらに静穏気流時における着衣の外表面から空気中への熱伝達に対する熱抵抗値分を除いた熱抵抗値を 1 clo とし単位を換算すると，「1 clo＝0.155 (m²・K) /W」である．1 clo は男性の厚手のビジネススーツの衣服組み合わせに相当する．クロ値は，顕熱移動のみを考慮した着衣の熱抵抗値である．図 3-1 に皮膚表面－衣服－環境間の顕熱移動を示す．

$$I_t=(t_{s,cl}-t_o)/0.155Q_t \quad (1)$$
$$I_a=(t_{s,nude}-t_o)/0.155Q_a \quad (2)$$
$$I_{cl}=I_t-I_a/f_{cl} \quad (3)$$
$$f_{cl}=1+0.3I_{cl} \quad (4)$$

ここで，

- I_a：皮膚表面から環境までの熱抵抗（裸体時）[clo]
- I_t：皮膚表面から環境までの熱抵抗（着衣時）[clo]
- I_{cl}：基礎着衣熱抵抗値（クロ値）[clo]
- Q_a：裸体時の熱損失量 [W/m²]
- Q_c：対流熱損失量 [W/m²]
- Q_r：放射熱損失量 [W/m²]
- Q_t：着衣時の熱損失量 [W/m²]
- f_{cl}：着衣面積比＝被服着用時の全表面積/体表面積 [-]
- t_o：作用温度 [℃]
- t_s：平均皮膚温 [℃]
- h_c：人体の対流熱伝達率 [W/(m²・K)]
- h_r：人体の放射熱伝達率 [W/(m²・K)]
- cl：着衣時，$nude$：裸体時

2.2 着衣量の評価

クロ値の測定には，正確にはサーマルマネキンを用いる．サーマルマネキンは，人体の形状，寸法，表面放射率などを模擬して作成されている．形状等だけでなく，表面温度または供給熱量等を人体の値に近似するように制御すると，実際の人間の着衣状態を模擬して評価することができる．

図3-2　サーマルマネキン Anne

図3-2 にサーマルマネキンを用いた着衣量測定の様子の一例を示す．このサーマルマネキンは，外表面に電熱線を巻き皮膚表面を発熱するタイプであり，コンフォート制御している[2]．全身の表面温度および熱損失量は，サーマルマネキンの分割された局所ごとの表面積の割合に基づいて重み付け平均し求めることができる．

着衣量の測定には，サーマルマネキンによる測定だけでなく，実際の被験者を用いた方法や，ISO 9920-2007 に紹介されているように，衣服の組み合わせや個々の衣服の熱抵抗値に関するデータベースを利用して，より簡易に積算し推定する方法もある．なお，衣服重量より推定

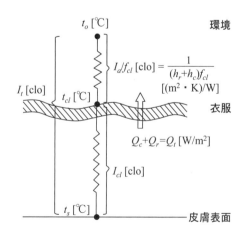

図 3-1　皮膚表面－衣服－環境間の顕熱移動

する方法も提案されているが，近年の繊維素材の開発により，軽量でも静止空気を多く含むことができる暖かい素材の登場などもあり，衣服重量による評価はなかなか難しくなっている．

3. 着衣の透湿抵抗値

人体−着衣−環境の間における熱移動は，放射・伝導・対流による顕熱移動と，蒸発による潜熱移動による．前項では顕熱移動のみを取扱い，着衣の熱抵抗値をとらえた．本項では発汗や不感蒸泄などの，潜熱移動による着衣の熱移動特性について述べる．特に，暑熱環境下では，体温調節により，発汗による蒸発放熱の割合が増える．

顕熱移動のみの場合は，皮膚温と環境温の温度差により熱移動が生じたが，潜熱移動の場合は，皮膚表面と環境との水蒸気圧差によって，水分移動が生じ，それにともない放熱が生じる．

図3-3に皮膚表面−衣服−環境間の潜熱移動を示す．皮膚表面から環境までの顕熱損失係数 h' は式(5)で表される．皮膚表面から環境までの蒸発熱損失係数 (h_e') は，着衣状態を考慮したWoodcockの i_m 係数とルイスの関係より，式(6)のように示すことができる．これは，空気中の熱伝達と水蒸気物質伝達には，近似的に相似則が成り立つことを示している．ここでルイス係数 L_R は，ほぼ一定値の 16.5 ℃/kPa をとる．i_m 係数は，水分透過指数であり，一般的な衣服において，0.30〜0.40 程度の値となっている．ISO9920 [3] の付属書に，衣服種類ごとの値が掲載されている．

皮膚表面から環境までの蒸発熱損失 E_s は，式(7)のように示される．

$h'=1/(0.155I_{cl}+1/(1/(h_r+h_c)f_{cl}))$ .... (5)

$i_m L_R = h_e'/h'$ .... (6)

$E_s = w h_e'(P_{s,s}-P_a)$ .... (7)

ここで，
E_s：皮膚表面から環境までの蒸発熱損失量 [W/m²]
L_R：ルイスの係数（=16.5）[℃/kPa]
P_a：環境の水蒸気圧 [kPa]
P_{cl}：着衣外表面の相当水蒸気圧 [kPa]
$P_{s,s}$：皮膚温度 t_s[℃]の時の飽和水蒸気圧 [kPa]
h'：皮膚表面から環境までの顕熱伝達率 [W/(m²・K)]
h_{cl}：着衣の熱伝達係数 [W/(m²・℃)]
h_e：着衣外表面から環境までの潜熱伝達率 [W/(m²・kPa)]
h_e'：皮膚表面から環境までの潜熱伝達率 [W/(m²・kPa)]
$h_{e,cl}$：皮膚表面から着衣外表面までの潜熱伝達率
　　　　　　　　　　　　　　　　　　[W/(m²・kPa)]
i_{cl}：着衣の透湿効率 [-]
i_m：ウッドコックの全透湿効率 [-]
w：ぬれ率 [-]

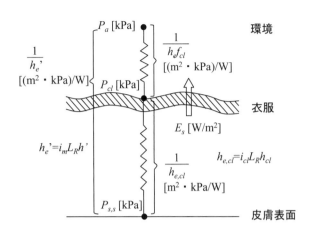

図3-3　皮膚表面−衣服−環境間の潜熱移動

着衣の蒸発熱抵抗値の測定には，発汗サーマルマネキンを用いる．発汗サーマルマネキンには，湿潤した布を表面にかぶせたもの，内部から水や水蒸気を出すものなど，研究目的によって，様々な種類が開発されている．蒸発熱損失の測定には，発汗サーマルマネキンの消費電力量の測定による方法や，蒸発水分量を計測する方法が提案されている [4]．

蒸発熱抵抗値 $R_e=1/h_e'$ なので，式(7)の蒸発熱損失 E_s の式に，代入すると，

$E_s = w(1/R_e)(P_{s,s}-P_a)$ .... (8)

ここで，
R_e：皮膚表面から環境までの蒸発熱抵抗値 [(m²・kPa)/W]

したがって，蒸発熱抵抗値は，式(9)で求めることができる．

$R_e = w(P_{s,s}-P_a)/E_s$ .... (9)

例えば，水で完全に湿潤しているタイプのサーマルマネキンでは，ぬれ率 $w=1$ となる．

4. 椅子の影響

椅子に座っているときには，その椅子の種類や形状，接触面積，座る姿勢や着衣状態などが，人体から環境までの熱抵抗値へ影響を与える．

McCullough ら [5] は，7種の典型的な椅子を用い，熱抵抗値への影響について，サーマルマネキンを用いて測定した．熱抵抗値のほとんどないフレームのみの椅子を用いた場合，椅子に座ることにより，立位に比べて，人体周りの衣服空気層が圧縮されることなどにより，熱抵抗値が小さくなることがわかった．一方で，布張りやクッションつきなどの椅子に座る場合，椅子自体の熱抵抗が加わることも示されている．典型的な椅子に座った場合の，熱抵抗値の増加は，0.1 から 0.3 clo の範囲であり，

立位時の衣服のクロ値に加算して考える必要があると述べられている．また，椅子と人体との接触面積が増えるほど，立位時に比べ，椅座位時の熱抵抗が大きくなると報告されている．

5. 衣服形態や着用の仕方による熱抵抗値への影響

衣服の形態や着用の仕方によっても，被服と被服の間の静止空気層が影響を受け，熱抵抗値に影響を与える．

例えば，重ね着は，被服と被服の間に静止空気層を形成するため，着衣の熱抵抗値を増加させる．しかし，重ねることによって空気層が潰れたり，放熱面積が増えたりすることにより，重ね着をしても，着衣の熱抵抗値が増加しなかったり，場合によっては減少することもある．また，特に有風時には最外層に通気性の少ない素材を用い，内側に空気層を多く含むような嵩高な素材を用いると熱抵抗値が高い．このように，重ねる布地の性質や順序によっても，熱抵抗値は影響を受ける．

衣服の開口の位置や大きさなど，衣服の形態によっても熱抵抗値は変化する．たとえば，人体周りでは体熱で暖められた空気が体表に沿って上昇しているため，衣服の上向きに開口部があると，換気の効率が良く，熱抵抗値は減少する．また，上下に開口がある場合は，煙突効果により，さらに熱抵抗値は減少する．

日常生活で，襟元をパタパタと動かして衣服内の換気を促進し，熱を逃がすようなこともあるだろう．人体が動くことによって，着衣内に強制対流がおき，開口部からの衣服内の換気が促される現象を，「ふいご作用」といい，これにより熱抵抗値は大きく減少する．

サーマルマネキンは人体形状の発熱体であるため，人体周りの上昇気流の影響などを測定することに適しているといえよう．また，歩行マネキンなども開発されており，人体の動きによる強制対流の影響を測定することも行われている．

【参考文献】
1) Gagge, A. P., Burton, A. C. and Bazett, H. C. : A practical system of units for the descreiption of the heat exchange of man with his environment, Science, 94, pp.428 - 430, 1941
2) 田辺新一，長谷部ヤエ: 皮膚温度可変型サーマルマネキンによる室内環境評価法に関する研究, 日本建築学会論文報告集, 第 448 号, pp.1-8, 1993
3) ISO 9920 : Ergonomics of the thermal environment - Estimation of thermal insulation and water vapor resistance of a clothing ensemble, 2007
4) ASTM F2370-10 : Standard Test Method for Measuring the Evaporative Resistance of Clothing Using a Sweating Manikin, 2010
5) McCullough, E.A., Olesen, B. W., Hong, S.:Thermal insulation provided by chairs, ASHRAE Transactions: Symposia, No-94-6-4, pp.795-802, 1994

(4) 夏季衣服の部位有効熱抵抗

1. はじめに

冷房期間を対象に，静穏の人工気候室で夏季の日常の着衣，仕事着，寝巻きの部位有効熱抵抗（単品71通り，組合せ126通り）を，サーマルマネキンを用いて測定した．そこから得られた部位有効熱抵抗の推定法を示す[1]．

2. 着衣の部位熱抵抗の表現法

着衣の熱特性の表現法として，全熱抵抗 R_t，衣服自体の熱抵抗 R_{cl}，有効熱抵抗 R_{cle} がある．全熱抵抗 R_t は着衣に加えて気流などの着衣外表面の影響も含む．衣服自体の熱抵抗 R_{cl} は純粋な着衣自体の熱抵抗と位置付けられる．有効熱抵抗 R_{cle} は，衣服の着脱の効果を表す仮想熱抵抗で，着衣時の全熱抵抗 R_t と裸体時の全熱抵抗 R_a の差として定義される．

人体周辺で風速の分布があるため，人体の部位ごとの代表風速，風向の設定は難しい．代表風速や風向から，全熱抵抗 R_t を推定することも困難である．また，衣服自体の熱抵抗 R_{cl} を使用する場合に，それぞれの着衣の外表面における熱伝達特性を推定する必要があるが，着衣の外表面の多様性からその推定も困難である．ここでは，着衣による外形上の違いを考慮する必要が無いことから，推定が比較的容易な基準熱抵抗値，裸体時の局所全熱抵抗 $R_{a segment}$ に対する，着衣による熱抵抗の増加分，着衣の局所有効熱抵抗 $R_{cle,segment}$ を用いて着衣の部位熱特性を表す．

3. 実験方法

例として表 4-1 に示す単品衣服，表 4-2 に示す組み合

表 4-1 単品衣服の例（抜粋）

記号	品名	重量 [g]	材質 [%]	色
UW1	トランクス	79	C: 100	青
UW2	パンティー	29	C: 100	肌
UW3	ブラジャー	37	C: 100	肌
UW6	靴下（普通の長さ）	61	C: 100	白
UW8	ブラジャー	61	N and PE	肌
UW14	キャミソール(インナー)	45	N: 100	クリーム
SU3	キャミソール(アウター)	98	C: 100	薄い青
SU12	半袖シャツ	201	C: 60, PE: 40	チェック地の薄い青
SU14	半袖ブラウス	86	C: 100	肌
SU16	7分袖ブラウス	179	PE: 84, PU: 16	薄い緑
SU18	サマーセーター（インナー，SU19 とセット）	113	A: 100	茶
SU19	サマーセーター（アウター，SU18 とセット）	172	A: 100	茶
SU20	ニットのサマーセーター	187	C: 50, A: 50	茶
SU25	ワンピースドレス	201	C: 95, PU: 5	灰
SU36	スーツジャケット	463	SUIT	灰
SD6	ズボン	449	C: 60, PE: 40	灰
SD7	ズボン	440	C: 55, R: 40, PU: 5	青
SD8	スカート	262	C: 68, PE: 28, PU: 4	黒
SD20	スーツスカート	192	SUIT	灰
SD21	スーツズボン	330	SUIT	灰
SU26	半袖Tシャツ	170	C: 69, PE: 31	灰
SD12	ショートパンツ	187	C: 69, PE: 31	灰

† C：綿，PE：ポリエステル，PU：ポリウレタン，A：アクリル，R：レーヨン，N：ナイロン，SUIT：外側がウール76，ナイロン20，ポリウレタン4，内側ポリエステル100

表 4-2 組合せ衣服の例（抜粋）

No.	組合せ	重量 [g]
S19	トランクス(UW1), 靴下(UW6), ショートパンツ(SD12), 半袖Tシャツ(SU26)	497
S91	パンティー(UW2), ズボン(SD7), ブラジャー(UW3), 7分袖ブラウス(SU16)	685
S102	パンティー(UW2), 靴下(UW6), ズボン(SD7), ブラジャー(UW3), キャミソール(SU3), 7分袖ブラウス(SU16), サマーセーター(SU18&SU19)	1129
S116	パンティー(UW2), 靴下(UW6), スカート(SD8), ブラジャー(UW3), キャミソール(SU3)	487
S167	パンティー(UW2), ワンピースドレス(SU25)	230
W6	スーツジャケット(SU36)とスカート(SD20), 半袖ブラウス(SU14), ブラジャー(UW8), パンティー(UW2), キャミソール(UW14)	876
W10	スーツスカート(SD20), 半袖ブラウス(SU14), ブラジャー(UW8), パンティー(UW2), キャミソール(UW14)	413
W36	スーツジャケット(SU36)とズボン(SD21), サマーセーター(SU20), ブラジャー(UW8), パンティー(UW2)	1070

表 4-3 組合せ衣服の $R_{cle.segment}$ と I_{cle} （表 4-2 と対応）

No.	胸	背	腹	腰	上腕	前腕	大腿	下腿	足	全身
				$R_{cle.segment}$ [m²·K/W]						I_{cle} [clo]
S19	0.094	0.107	0.402	0.130	0.063	0	0.045	0.010	0.024	0.25
S91	0.135	0.123	0.175	0.085	0.068	0.031	0.028	0.040	0	0.27
S102	0.262	0.273	0.316	0.161	0.144	0.042	0.056	0.065	0.026	0.47
S116	0.094	0.060	0.218	0.122	0	0	0.094	0.042	0.034	0.27
S167	0.100	0.044	0.127	0.096	0	0	0.083	0	0	0.19
W6	0.310	0.301	0.327	0.260	0.205	0.115	0.021	0.121	0.000	0.52
W10	0.184	0.117	0.236	0.141	0.043	0.000	0.000	0.072	0.000	0.28
W36	0.271	0.272	0.404	0.238	0.245	0.129	0.027	0.119	0.077	0.65

表 4-4 組合せ衣服の $R_{cle.segment}$ を被覆部分から推定するための各部位の係数

被覆パターン	胸	背	腹	腰	上腕	前腕	大腿	下腿	足	n
1	0.54	0.53	0.69	0.35	0.26	0.14	0.19	0.08	0.03	43
2	0.55	0.49	0.89	0.40	0.20	——	0.21	0.13	0.06	24
3	0.57	0.49	1.15	0.60	0.27	——	0.25	——	——	13
4	0.49	0.46	0.67	0.35	0.30	0.14	0.16	0.13	——	10
5	0.41	0.41	1.26	0.53	0.27	——	0.24	——	0.10	8
6	0.52	0.53	0.68	0.48	0.35	0.19	0.26	——	——	8
7	0.54	0.44	0.87	0.38	0.25	——	0.19	0.19	——	6
8	0.53	0.40	1.19	0.54	——	——	0.26	0.11	0.11	6
9	0.48	0.41	1.37	0.58	——	——	0.33	——	0.15	4
10	0.59	0.40	1.29	0.52	——	——	0.22	0.26	——	3
11	0.52	0.23	0.66	0.50	——	——	0.43	——	——	1

わせ衣服について，椅座姿勢の 20 部位分割女性サーマルマネキンを用い静穏環境の人工気候室で測定した．サーマルマネキン各部位の皮膚温は熱的に中立な環境条件下で予め実測された被験者の平均的皮膚温を与えた．全身の平均表面温度は 33.8 ℃である．人工気候室の気温は，裸体計測時に 27.0 ℃，単品衣服計測時に 25.0 ℃，組合せ衣服計測時に 24.0 ℃とした．相対湿度は 40 ± 20 % であった．定常状態に至ったデータのみを用いて胸部，背部，腹部，臀部，上腕部，前腕部，大腿部，下腿部，足部，計 9 部位の有効熱抵抗 $R_{cle.segment}$，全身の有効熱抵抗値 I_{cle} を得た．なお，I_{cle} は $R_{cle.segment}$ の全身面積平均値ではなく，全身の面積平均皮膚温，全身の面積平均放熱量から得られた熱抵抗値である．再現性を考慮して着衣 1 条件につき 2 回以上の測定を行い，その中から全 9 部位について有効熱抵抗 $R_{cle.segment}$ の差が 0.031 (m²·K)/W (= 0.2 clo) 以下を満たした 2 測定の $R_{cle.segment}$, I_{cle} を有効なデータとして採用し，平均値をデータベースとしてまとめた．

4. 結果

I_{cle} は単品衣服で 0.02～0.31 clo，組合せ衣服で 0.13～0.66 clo (0.020～0.098 (m²·K)/W) の範囲にあった．長袖シャツやスーツを着たときに手には着衣による被覆こそなかったものの，着衣時の全熱抵抗が裸体時の値を上回る傾向にあった．ただし部位自体の被覆による保温効果とはいえないことから，被覆のない部位の有効熱抵抗値は常に 0 とした．得られたデータ例を表 4-3 に示す．

衣服による被覆の分布を 11 に分類し，式 (1) により組合せ衣服の全身の有効熱抵抗値 I_{cle} から部位の有効熱抵抗値 $R_{cle.segment.en}$ を推定する．表 4-4 に被覆分布ごとに

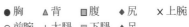
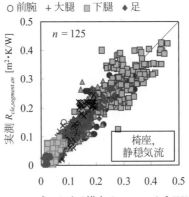

図 4-1 組合せ衣服の実測 $R_{cle,segment}$, ($R_{cle,segment.en}$) と式(1)の値の対応

典型的な有効熱抵抗の分布に応じた係数 $\alpha_{segment}$ を掲げる．図 4-1 に推定値と基礎実測データの対応を示す．

$$R_{cle,segment.en} = \alpha_{segment} \cdot I_{cle} \quad \cdots (1)$$

5. おわりに

サーマルマネキンを用い，71 単品衣服，126 組合せ衣服について，胸，背，腹，腰，上腕，前腕，大腿，下腿，足の 9 部位の部位有効熱抵抗 $R_{cle.segment}$ を静穏気流の人工気候室で実測した．組合せ着衣による被覆分布ごとに，全身の有効熱抵抗値 $I_{cle.en}$ から $R_{cle.segmnet.en} = \alpha_{segment} \cdot I_{cle}$ によって部位の有効熱抵抗値 $R_{cle.segment.en}$ を推定する 9 部位の係数 $\alpha_{segment}$ を得た．

【参考・引用文献】
1) 佐古井智紀, 都築和代：夏期衣服の部位有効熱抵抗推定法の提案, 第 31 回人間－生活環境系シンポジウム報告集, pp.123-126, 2007

(5) 熱伝達率の測定①

1. はじめに

これまでに人体の対流熱伝達率については種々の方法により計測が行われている．石垣，堀越ら[1]は，熱流計を使用し，裸体座位姿勢の被験者を用いた生理的実験により，全身および各部位の対流熱伝達率を求めている．持田[2),3)]は，熱伝達論を基に熱伝達率を理論的に定めており，全身に関しては風速の関数として対流熱伝達率を示しているが，各部位毎にはデータを示していない．李，メリコフ，本間[4)]は，裸体立位姿勢のサーマルマネキンを用いて，表面温度と熱流束を測定し，各部位の対流熱伝達率を求めている．Mitchell[5)]は，座位姿勢でのマネキンの全身の対流熱伝達率を求めている．Nishi, Gagge[6)]は，ナフタリン昇華法により，人体における立位，座位，その他さまざまな状態での全身および各部位の対流熱伝達率を求めている．また，Chang ら[7)]もナフタリン昇華法により，歩く速度を変化させたときのマネキン各部位の熱伝達率を求めている．最近では，曾，村上，加藤[8)]により，CFDによる解析が行われている．人体と環境との熱授受を数値シミュレーションにより再現し，人体周りの対流熱伝達率を求めている．

立位と座位のサーマルマネキンを用いて部位ごとの熱伝達率を求める研究が市原らによって行われている[9)]．

図 5-1 に座位のサーマルマネキンを示す．アルミ製のサーマルマネキンを周壁温度，空気温度が制御できる人工気候室に曝露して測定が行われている．

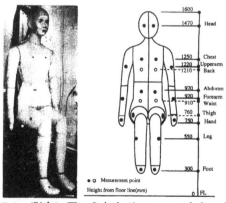

図 5-1 測定に用いられたサーマルマネキンと部位分割

2. 対流熱伝達率，放射熱伝達率

図 5-2 に立位時の各部位の対流熱伝達率，総合熱伝達率を示す．また，図 5-3 に座位の同様の結果を示す．その結果，立位に関しては以下の結論が得られている．サーマルマネキンの周辺空気温度 t_a と周壁表面温度 t_r が等しい環境において全身の総合熱伝達率 $h=9.1\ W/(m^2・K)$ と各部位の総合熱伝達率を求めた．マネキン皮膚温 t_s と周辺空気温度 t_a を等しくし，放射のみによる熱損失量から全身の放射熱伝達率 $h_r=4.2\ W/(m^2・K)$ と各部位の放射熱伝達率を求めている．静穏気流下での対流熱伝達率は全身で $h_c=4.9\ W/(m^2・K)$ となり，Seppanen の式[10)]による計算結果 $4.2\ W/(m^2・K)$ より，やや大きな値となった．有風時の全身の対流熱伝達率は，Seppänen による回帰曲線とほぼ一致した値が得られた．また，各部位の対流熱伝達率は，頭，上腕，前腕，手で他部位に比べ気流の影響を受けやすいことがわかっている．

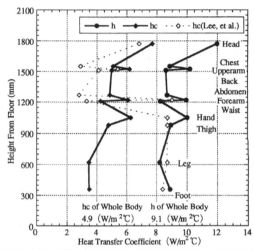

図 5-2 立位時の各部位の対流熱伝達率，総合熱伝達率

座位姿勢での測定結果に関しては，マネキンの周辺空気温度 t_a と周壁表面温度 t_r が等しい等温放射環境において全身の総合熱伝達率 $h=8.6\ W/(m^2・K)$ と各部位の総合熱伝達率を求めた．マネキン皮膚温 t_s と周辺空気温度 t_a を等しくし，放射のみによる熱損失量から全身の放射熱伝達率 $h_r=4.3\ W/(m^2・K)$ と各部位の放射熱伝達率を求めた．対流熱伝達率は全身で $h_c=4.3\ W/(m^2・K)$ となった．Mitchell の式による算出結果 $h_c=3.2\ W/(m^2・K)$ に比べ大きな値となった．

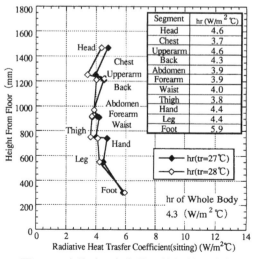

図 5-3 立位時の各部位の放射熱伝達率

3. 海外研究との比較

また、カリフォルニア大学バークレー校において、de Dear ら[11]が風洞を用いた対流熱伝達率の測定を行っている。図5-4にマネキンのセグメントを示す。

Manikin Segment	Surface Area (m²)
left foot	0.043
right foot	0.041
left lower leg	0.089
right lower leg	0.089
left thigh	0.160
right thigh	0.165
pelvic region	0.182
head	0.100
left hand	0.038
right hand	0.037
left forearm	0.052
right forearm	0.052
left upper arm	0.073
right upper arm	0.073
chest	0.144
back	0.133
Total	**1.471**

図5-4 サーマルマネキンのセグメント

de Dearらは、低放射で反射性の高いフィルムをサーマルマネキンに巻くことにより放射熱伝達を極力少なくして測定が行われている。足、手、四肢に関しては対流熱伝達率が大きいこと、頭、首に関しては髪の毛の影響で熱伝達率が小さくなること、風向は大きな影響を与えることなどを示している。表5-1において市原らの研究との比較が行われている。

表5-1 各部位対流熱伝達率の比較

Manikin segment	Ichihara etal.		Present study	
	B	n	B	n
Feet	13.0	0.78	12.0	0.50
Lower legs	16.0	0.75	12.9	0.50
Back	17.0	0.50	7.7	0.63
Chest	11.0	0.67	7.5	0.66
Thighs	14.0	0.61	10.1	0.52
Upper arms	17.0	0.59	10.0	0.62
Forearms	17.0	0.61	12.5	0.54

a Equations are of the general form $h_c = Bv^n$ (W/m² per K)

【参考文献】

1) 石垣, 堀越, 植松, 佐橋, 土川, 持田, 稗田, 磯田, , 久保:人体の対流熱伝達率に関する実験的研究, 人間-生活環境系国際会議, pp.280-282, 1991
2) 持田:人体に関する対流およびふく射熱伝達率, 日本建築学会論文報告集第258号, pp.63-69, 1977
3) 持田:平均皮温の算出式に関する工学的研究, 日本建築学会論文報告集 第259号, pp.67-73, 1977
4) 李, メリコフ, 本間:室内気流の流速と乱れの強さのサーマルマネキン各部の対流熱伝達率への影響に関する研究, 日本建築学会計画系論文報告集, 第429号, pp.25-31, 1991
5) D.Mitchell. : Convective Heat Transfer in Man and other Animals, Heat Loss from Animals and Man, Butterworth Publishing Inc., London, 1974
6) Y.Nishi, A.P. Gagge : Direct evaluation of Convective Heat Transfer Coefficient by Naphthalene Sublimation, JOURNAL OF APPLIED PHYSIOLOGY Vol.29, No.6, 1970
7) S.KW.Chang, E.Arens, R.R.Gonzalez : Determination of the Effect of Walking on the Forced Convective Heat Transfer Coefficient Using an Articulated Manikin, ASHRAE Trans., Vol.94, 1988
8) 曾, 村上, 加藤:数値サーマルマネキンに関する研究(その1)人体表面の対流熱伝達に関する予備的な数値シミュレーション, 日本建築学会大会学術講演梗概集, pp.45-46, 1994
9) 市原真希, 斎藤正文, 西村美加, 田辺新一:サーマルマネキンを用いた立位・座位人体各部位の放射・対流熱伝達率の測定, 日本建築学会計画系論文報告集, 第501号, pp.45-51, 1997
10) O.Seppanen, P.E.McNall, D.M.Munson, C.H.Sprague : Thermal Insulating Values for Typical indoor Clothing Ensembles, ASHRAE Trans, Vol.78, 1972
11) Richard J. de Dear, Edward Arens, Zhang Hui, Masayuki Oguro : Convective and radiative heat transfer coefficients for individual human body segments, Int J Biometeorology, Vol.40, pp.141-156, 1997

(5) 熱伝達率の測定②

サーマルマネキンは部位ごとに表面温度と顕熱熱損失量の測定値を出力する．サーマルマネキン周囲の環境の表面温度と放射率が既知であれば，放射解析によりサーマルマネキンと環境との間の放射熱授受を算出することができ，サーマルマネキンの各部位における放射熱損失量が求まる．顕熱熱損失量から放射熱損失量を差し引いて求まる対流熱損失量の値を式(1)に代入すれば，対流熱伝達率が求まる．

$$h_c = Q_c / (t_s - t_a) \quad \cdots \cdots \cdots \cdots \cdots \cdots \cdots (1)$$

ここで，
Q_c：対流熱損失量 [W/m^2]
h_c：対流熱伝達率 [W/(m^2·K)]
t_s：表面温度 [℃]，t_a：環境空気温度 [℃]

屋外気流場に人体が曝露された場合の対流熱伝達率を推定した例[1,2]を紹介する．図5-5に示すように屋外環境を想定した乱れが生ずるような乱流格子を設けた風洞（寸法：2.2 m×1.8 m×16.5 m）内に女性形状サーマルマネキン（身長1.67 m，体表面積1.47 m^2）が立位・裸体で設置されている．サーマルマネキンは床から5 cm浮いた状態で天井から吊り下げられており，その表面温度は33.7 ℃一定に制御されている．図5-6に示すように風洞の側壁から0.2 m離れた位置に断熱ボードを設置して，風洞内温度が一定になるようにしている．実験は，流入速度0.5，1.0，2.0 m/sの3ケースが行われている．乱流強度は約11 %，流入温度は約30 ℃である．

図5-7に流入速度0.5 m/sのときの放射熱損失量・対流熱損失量の測定結果を，図5-8に風速と対流熱伝達率の測定結果を示す．対流熱伝達率は，下腿部・足先および前腕部・手で大きく，頭部，胸部，背中で小さく，風速の増加に伴い増加することがわかる．

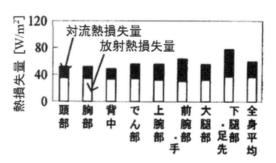

図5-7 人体部位ごとの対流熱損失量と放射熱損失量（風速0.5m/s）

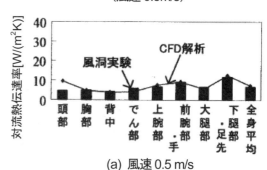
(a) 風速0.5 m/s

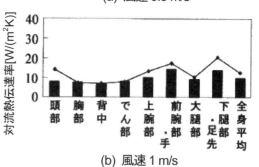
(b) 風速1 m/s

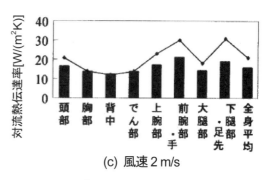
(c) 風速2 m/s

図5-8 風速と人体部位ごとの対流熱伝達率

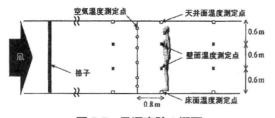

図5-5 風洞実験の概要

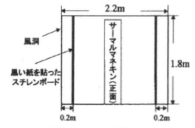

図5-6 風洞断面

【参考文献】
1) Ono,T, Murakami,S, Ooka,R and Omori,T : Numerical and experimental study on convective heat transfer of the human body in the outdoor environment, Journal of Wind Engineering and Industrial Aerodynamics, 96, pp.1719-1732, 2008
2) 小野，村上，大岡，高橋，大森，早乙女：屋外空間における人体表面の平均対流熱伝達率の予測式の開発―風洞実験とCFD解析による人体表面の平均対流熱伝達率の予測式の提案，日本建築学会論文集，第601号，pp.9-14, 2006

(6) 気流の影響

1. はじめに

対流熱伝達率 h_c 及び着衣熱抵抗 clo 値は，温熱快適性や熱負荷を予測・評価するために重要なパラメータである．対流熱伝達率 h_c は放熱体周りの気流（風速）や熱流方向などによって異なる値をとることが知られている．しかし，h_c の測定を精度良く行なうことは一般に困難であり，伝熱工学の基礎理論[1]を応用するなど様々な手法を用いて，その精度良い測定に関する努力が重ねられてきた．また，着衣熱抵抗の推定にはISO9920に規定される着衣の組み合わせから最も近いものを採用する方法や，各着衣の clo 値を加算し推定式から求める方法が一般的に用いられている．しかし，これらの値は静穏環境を前提としたものであり，夏季における省エネルギー要素として注目されている通風等の気流がある環境にそのまま適用できるとは限らない．

人体周りの h_c や clo 値の精度の良い予測手段として，1990年代以降，サーマルマネキンが広く用いられるようになった．静穏環境下における h_c や clo 値の算出事例については他章に譲るとして，本章では，気流の影響が $α_c$ や clo 値に及ぼす影響について取り上げる．

気流が h_c や clo 値に及ぼす影響を扱ったものは，Seppänenら[2]，Tanabeら[3]，Oguroら[4]，渡邊ら[5]などがあり，これらの研究の知見として高風速環境下では h_c は増大し，clo 値は低下することが示された．本章では，倉渕らが行った低風速下（~2 m/s）の検討[6,8]および李ら[7]が実施した高風速下（~12 m/s）について取り上げる．

2. 低風速環境下における検討[6,8]

2.1 実験概要

多数のファンユニットを持つ通風型人工気候室（図6-1参照）にサーマルマネキンを椅座状態で配置し，着衣状態および風速をパラメータとした測定を行う．測定ケースを表6-1に示す6パターンとした．測定項目は空気温度・壁面温度・風速・マネキン顕熱損失量・マネキン皮膚表面温度である．空気温度は設置したポール位置において10点，壁面温度は各壁面において2〜5点，風速は図6-1に示す位置において5点（高さ100，600，900，1100，1600 mm）測定した．マネキンの発熱条件は式(1)を満たすコンフォート制御とした．

2.2 clo 値の算出結果

同一風速の条件では裸体時の皮膚表面熱抵抗と着衣時の着衣表面熱抵抗が等しいと仮定し，着衣の有無による Q_t，t_s の差より clo 値を算出した．図6-3に風速と，有風時における clo 値 I_t/静穏環境下における clo 値 I_{cl} の関係を示す．clo 値はどの着衣状態においても，風速 0.5 m/s では 10〜20 %，風速 1 m/s では 20〜30 %，風速 2 m/s では 30〜40% 減少していることが確認できた．

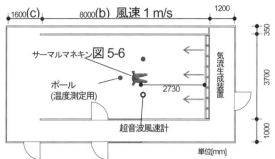

図 6-1 通風型人工気候室　平面概略図

Case 1　　　　Case 2　　　　Case 3

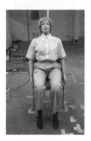 
Case 4　　　　Case 5　　　　Case 6

図6-2　各ケースの着衣状況

表6-1　測定ケース

Case	着衣条件	静穏環境時の clo 値	想定風速 [m/s]
1	裸体	-	0.1 0.5 1.0 2.0
2	Tシャツ・短パン・下着	0.26	
3	スウェット(上下)・Tシャツ・靴下・下着	0.75	
4	ジャケット・長袖Yシャツ・Tシャツ・ズボン・靴下・下着	0.90	
5	半袖Yシャツ・Tシャツ・ズボン(Lサイズ)・靴下・下着	0.70	
6	半袖Yシャツ・Tシャツ・ズボン(XLサイズ)・靴下・下着	0.90	

$$t_s = 36.4 - 0.054 Q_t \quad \cdots (1)$$
$$Q_r = F_{eff} \cdot \varepsilon \cdot \sigma f_{cl} \left\{ (t_{cl} + 273.15)^4 - (t_r + 273.15)^4 \right\} \quad \cdots (2)$$
$$Q_c = Q_t - Q_r \quad \cdots (3)$$
$$Q_c = h_c \cdot f_{cl} (\theta_{cl} - \theta_a) \quad \cdots (4)$$
$$f_{cl} = 1.05 + 0.645 R_{cl} \quad \cdots (5)$$
$$h_{cl} = t_s - Q_t \cdot R_{cl} \quad \cdots (6)$$
$$h_{cf} = 12.1 \sqrt{v} \quad \cdots (7)$$

t_a:室内空気温度[℃]　t_{cl}:着衣表面温度[℃]　t_s:マネキン皮膚表面温度[℃]　v:風速[m/s]
ε:放射率(=0.97[-])　σ:ステファン-ボルツマン定数(=5.67×10⁻⁸[W/m²K⁴])
h_c:対流熱伝達率[W/m²K]　h_r:放射熱伝達率[W/m²K]　Q_t:顕熱損失量[W/m²]
Q_r:放射熱損失量[W/m²]　Q_c:対流熱損失量[W/m²]　R_{cl}:着衣熱抵抗[m²K/W]
F_{eff}:有効放射面積係数(=0.71[-])　f_{cl}:着衣面積比[-]　t_r:平均放射温度[℃]

2.3 対流熱伝達率 h_c の算出

h_c の算出に用いる式を式(2)～(6)に示す．まず，実験において測定される Q_t から，式(2)で算出される放射熱損失量 Q_r [W/m²] を差し引くことで対流熱損失量 Q_c [W/m²] を算出する（式(3)）．有効放射面積係数 F_{eff} [-] は Fanger の提唱した 0.71 を用いている．その後，Q_c を空気温度 $θ_a$ [°C] と着衣表面温度 t_{cl} [°C] との差で除して h_c を求めた（式(4)）．着衣表面温度 t_{cl} は式(6)を用いて算出している．t_r と空気温度 t_a は実験室内で分布がほとんどなかったため，全測定点の平均値とした．

算出結果を図 6-4 に示す．PMV 計算プログラム中の h_c 算出式(式(7))による算出結果についても併せて示す．着衣状態による h_c の違いはあまり見られない．また，どの着衣状態においても，PMV 計算プログラム中の h_c 算出式よりやや小さい値となり，全ケースから近似式を算出した結果，$h_c=10.32v^{0.52}$ となった．

3. 高風速環境下における検討[7]

李らは高風速環境下における対流熱伝達率について，サーマルマネキンを用いて算出した結果を報告している．

3.1 実験概要

測定部断面 2.2×1.8 m の大型乱流境界層風洞を使用し，1～12 m/s 程度までの風速範囲（風上側に設置した乱流格子直後の乱流強度は 10% 程度）で測定を実施する．着衣なしのサーマルマネキン（京都電子製：身長 1.73 m，体表面積 1.53 m²）を中央部に座位で設置し，アプローチフローに対して正対する姿勢と，90 度横を向いた姿勢の 2 種類の姿勢を設定した．マネキンは，皮膚表面温度を 33.7 °C 一定に制御した．

3.2 実験結果

図 6-5 に風速 12.67 m/s における部位別対流熱伝達率を，図 6-6 に人体全表面での平均対流熱伝達率と平均風速の関係を示す．風速の増加に伴い対流熱伝達率も増大し，平均対流熱伝達率 h_c は，12.67 m/s で正対姿勢：約 71 W/(m²・K)，90 度横向き姿勢:約 76 W/(m²・K) となった．

4. まとめ

サーマルマネキンを通風型人工気候室に配置し，人体周りの対流熱伝達率 h_c および着衣抵抗 clo 値に関する風速の影響を検討した．その結果，風速が増大するに従い h_c が増大し，clo 値が低下することを確認した．

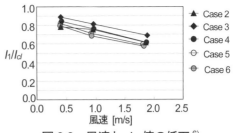

図 6-3 風速と clo 値の低下[6]

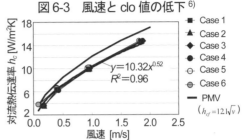

図 6-4 人体周りの対流熱伝達率[6]

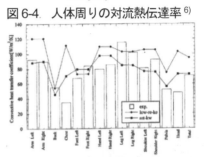

図 6-5 部位別対流熱伝達率測定結果
(12.67 m/s:正対姿勢)[7]

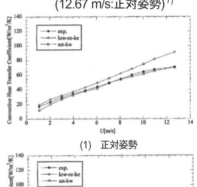

(1) 正対姿勢

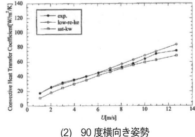

(2) 90 度横向き姿勢

図 6-6 人体全表面での対流熱伝達率と平均風速の関係[7]

【参考文献】
1) 西安信ら : Direct Evaluation of convective heat transfer coefficient by naphthalene sublimation , 1970
2) O. Seppanen et al. : Thermal Insulating Values for Typical Indoor Clothing Ensembles, Ashrae Transactions, 78(1) pp.120-130 , 1972
3) Shin-ichi tanabe et al. : Reduction of clo value with increased air movement, Proceedings of Indoor Air '93, pp.139-144, 1993
4) M. Oguro et al. : Evaluation of Effect of Air Flow on Clothing Insulation and on Dra Heat Transfercoefficietnts for Each Part of the Clothed Human Body, 日本建築学会計画系論文集, 549, pp.12-21, 2001
5) 渡邊, 堀越ら : サーマルマネキンを用いた風速と風向が着衣熱抵抗に及ぼす影響に関する研究, 日本建築学会計画系論文集, 621, pp.23-28, 2007
6) Sato K, Kurabuchi T, Ogasawara T et al. : A Study on the Convective Heat Transfer Coefficient and Thermal Resistance of Clothing Under Cross Ventilation, Vol. 10, No.2 The International Journal of Ventilation, pp.155-162, 2011
7) 李ら : 風除染システム第 1 報　サーマルマネキンによる強風化の対流熱伝達率分布測定と CFD 予測精度の検証, 空気調和・衛生工学会論文集, No.183, pp.47-57, 2012
8) 佐藤桂子, 倉渕隆ら : 通風環境下における対流熱伝達率及び着衣量に関する研究（その 1）: 対流熱伝達率と着衣量に関する実験的研究, 日本建築学会学術講演梗概集, pp.303-304, 2010.

(7) 放射の形態係数

1. はじめに

人体に対する日射の影響や周囲空間からの熱放射の影響を評価する方法の一つとして、投影面積、形態係数、有効放射面積があり、人体全身もしくは部位別に算出することが可能である。投影面積、形態係数、有効放射面積は、被験者・マネキンを用いた影の直接測定または写真撮影・画像処理などにより実験的に算出することが多かったが、近年では被験者・マネキン形状を数値的にモデル化することにより算出する事例も見られるようになっている。以下、実験的な手法による算出事例、数値計算による算出事例を紹介する。さらに投影面積、形態係数、有効放射面積などを用いて、人体温熱感評価に応用した事例、人体以外の家畜などに対し応用した事例も紹介する。

2. 投影面積、形態係数、有効放射面積の算出事例

2.1 写真計測・画像処理による算出

Underwoodら[1]は、男女各25人の立位を対象にし、カメラに対する人体の向き及びカメラの位置を変えた合計19種類の投影面積を測定し、その特徴などを評価している。さらに、人体を見込む角度別の投影面積を算出する実験式を提案している。投影面積の測定例を図7-1に示す。

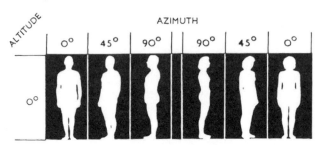

図7-1 投影面積の測定例

Fangerら[2]は、男女各10人の立位・椅座位および着衣の有無を対象とし、測定時の煩雑さを改善して合計78種類の投影面積を測定し、有効放射面積、投影面積率、さらに矩形面との間の形態係数を算出している。土川ら[3,4]は、立位・椅座位の姿勢条件、着衣・裸体の着衣条件での人体と矩形面の形態係数及び人体の有効放射面積を写真撮影法により算出している。宮本ら[5,6]は、6名の青年被験者を対象として、スーツ及びコートを着用した時の投影面積を望遠レンズとカメラを用いて測定している。Fangerらにより測定された立位・椅座位の角度別の投影面積を図7-2に、有効放射面積の測定結果を表7-1にまとめて示す。

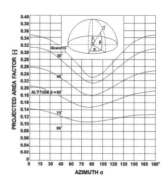 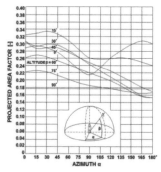

図7-2 立位・椅座位の角度別の投影面積測定結果

表7-1 有効放射面積の測定結果

	Fanger		土川	
	立位	椅座位	立位	椅座位
A_{eff} [m²]	1.262	1.211	1.312	1.214
f_{eff} [-]	0.725 ±0.013	0.696 ±0.017	0.803 ±0.005	0.740 ±0.012

2.2 数値計算による算出

山崎ら[7]は、立位姿勢の人体を計測して人体形状モデルを作成し、壁面上の点との間の形態係数を求めている。さらに、人体形状を近似する直方体形状を提案している。宮崎ら[8]は、立位・椅座位の人体形状を円筒の組み合わせでモデル化し、モンテカルロ法により人体と矩形面の形態係数及び有効放射面積を算出している。土川ら[9]は、人体を形状モデルで近似した場合の有効放射面積、及び壁面との形態係数を求める、錐面積分に基づく数値計算手法を提案している。尾関ら[10,11]は人体を形状モデルで表し、立位・椅座位を中心とした有効放射面積、投影面積、形態係数を数値計算により算出し、既往の実験結果と良く対応することを示している。大森や宮永ら[12,13]も人体を形状モデルで表し、立位・椅座位を中心とした有効放射面積、投影面積を算出し既往の実験結果との対応を検討している。尾関らにより算出された立位の形態係数を図7-3に、大森らにより算出された立位の投影面積を図7-4に、有効放射面積の計算結果を表7-2にまとめて示す。

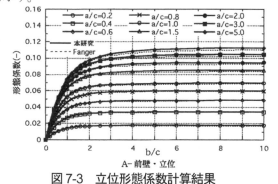

図7-3 立位形態係数計算結果

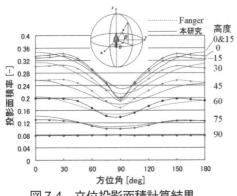

図7-4 立位投影面積計算結果

表7-2 有効放射面積の計算結果

	尾関		宮崎		大森
	立位	椅座位	立位	椅座位	立位
A_{eff}[m²]	1.276	1.176	1.317	1.224	1.28
f_{eff}[-]	0.744	0.691	0.834	0.775	0.87

3. 投影面積、形態係数、有効放射面積の応用事例

人体に到達する日射量を算出するためには、一般に人体の投影面積が用いられる。例えば桑原ら[14]は、日射を近赤外光と可視光に分けて、衣服の波長別透過・反射特性を実測するために、投影面積率を用いて人体の皮膚表面と衣服表面の正味の日射受熱量をそれぞれ算出している。これにより近赤外光の日射熱特性は素材や色に依らないことなどを示している。佐藤ら[15]は、多人数が存在する建築空間を対象として個々の人体に対する放射環境を部位別に評価するために、FangerらのProjected Area法を拡張して形態係数を算出し、人体部位別MRTを評価している。算出結果の一例を図7-5に示す。また土川ら[16]は、頸髄損傷者の生理・心理に及ぼす影響を評価するために、車いす乗車人体と環境との熱交換、車いす乗車人体に対する屋外温熱環境の影響に関し検討している。

一方、人体以外の家畜などに対し応用した事例も見られる。蓑輪[17]は豚を対象として、豚表面の放熱を促進する豚舎を検討するため、豚と豚舎壁面の形態係数を算出し、熱環境を評価している。評価事例を図7-6に示す。

図7-5 壁面表面温度と人体部位別MRTの分布

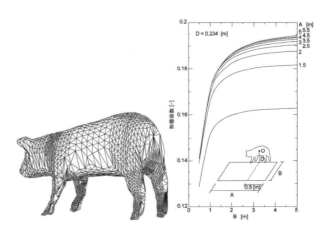

図7-6 豚の表面形状モデルと形態係数算出結果

【参考文献】

1) Underwood C.R et al. : The Solar Radiation Area of Man, ERGONOMICS, Vol.9, No.2, 1966
2) Fanger P.O., Angelius O. and Jensen P.K. : Radiation Data for the HumanBody, ASHRAE Transactions, Vol.76- II, 1970
3) 土川ら：実測による人体の有効放射面積および人体と矩形面との間の形態係数に関する研究-青年男子に対する裸体・着衣, 立位・椅座の場合-, 日本建築学会計画系論文報告集, 第388号, 1988
4) 土川ら：実測による人体の有効放射面積および人体と矩形面との間の形態係数に関する研究（その2）青年女子に対する実測および青年男子の部位に対する実測, 日本建築学会計画系論文報告集, 第428号, 1991
5) 宮本ら：立位姿勢の人体の投影面積率に関する研究, 日本建築学会大会学術講演梗概集, 1997
6) 宮本ら：床座位の人体有効放射面積と形態係数に関する研究, 日本建築学会計画系論文集, 第479号, 1996
7) 山崎ら：人体モデルの形態係数- 壁面から見た場合-, 日本建築学会大会学術講演梗概集, 1983
8) 宮崎ら：人体モデルを用いた不均一環境の評価に関する研究(その1) 放射解析人体モデルの作成と被験者実験, 人間と生活環境, No.1, 1995
9) 土川ら：人体形状モデルを用いた人体と空間との放射熱受に関する研究(第1報)有効放射面積および形態係数の算出理論と人体表面3次元座標測定法, 日本建築学会大会学術講演梗概集, 1996
10) 土川ら：数値計算による矩形面と全身との形態係数の評価, 日本建築学会計画系論文集, 第522号, 1999
11) 尾関ら：数値計算による人体の有効放射面積の評価, 日本建築学会計画系論文集, No.525, 1999
12) 大森ら：大規模・複雑形状に対応する対流・放射連成シミュレーション用放射伝熱解析法の開発（第2報）, 空気調和衛生工学会論文集、No.90, 2003
13) 宮永ら：放射冷房による居住熱環境の改善に関する研究、日本建築学会計画系論文集、第526号, 1999
14) 桑原ら：表色値と衣服の日射透過率, 日射反射率, 日射吸収率の関係, 日本建築学会環境系論文集, 75(654), 2010
15) 佐藤ら：投影面積率による人体各部の放射熱伝達量の解析（第1報—第2報）, 空気調和・衛生工学会学術講演会講演論文集, 2012年9月
16) 土川ら：車いす乗車人体に対する屋外温熱環境の影響に関する研究（その6）有風状態における車いす乗車人体の放射・対流熱伝達率の測定, 日本建築学会大会学術講演梗概集, 2011
17) 蓑輪：豚体の有効放射面積と形態係数に関する研究(第1報), 農業施設27巻3号, 1996

(8) 暖房環境の測定

1. はじめに

住宅の暖房に求められる基本性能は，温熱快適性と省エネルギー性を同時に満たすことである．暖房時の温熱快適性と省エネルギー性は建物の断熱性・気密性はもちろんのこと，暖房方式によっても影響を受ける．ここでは，人工気候室内に設置された建物モデルの断熱性能を変更した場合の室内温熱環境，室内への暖房投入熱量，サーマルマネキンの皮膚温と放熱量を測定した例[1]を紹介する．暖房方式は床暖房とエアコンとし，サーマルマネキンの姿勢は投足位と椅座位とした．

2. サーマルマネキン実験の概要[2,3]
2.1 実験対象室

図8-1に実験対象室の概要を示す．内寸法は幅5.33 m×奥行3.77 m×高さ2.4 mで13.5畳に相当する．南側に掃き出し窓（幅1.64 m×高さ2.0 m）が2面取り付けられ，各窓にはカーテンがかけられている．西壁の床上1.6 mに設置された給気口（φ90 mm）と南壁に8個，西壁に16個設置された給気用シリンダー(φ18 mm)から外気が導入される．換気回数は0.5回/hで，給気口と給気用シリンダーから50 %ずつ給気され，全量が北壁の床上0.15 mに設置された排気口（φ90 mm）から排出される．外気温度は5 ℃一定である．床暖房に用いる温水パネル敷設率は78 %とした．エアコンはその下端が南壁の床上2.1 mにくるよう設置し，下向きに温風を吹き出させた．

2.2 サーマルマネキン

図8-2に実験に用いたサーマルマネキンを示す．サーマルマネキンは北壁から1.9 m，東壁から1.6 mの位置（東側床暖房パネルの中央部）に臀部中心がくるように設置した．姿勢は投足位と椅座位としスウェットを着せた．実生活を考慮してエアコン暖房・投足位の場合はサーマルマネキンの下にラグを敷いた．制御方法はコンフォート制御とした．サーマルマネキンの部位ごとの面積と着衣量を表8-1に示す．全身の着衣量は0.68 cloである．

2.3 実験条件

実験条件を表8-2に示す．高断熱条件は，複層ガラス+カーテン有，中断熱条件は単板ガラス・カーテン無とし，低断熱条件は中断熱条件に加えて，北側隣室において窓を開放し暖房無とした．高断熱および中断熱条件では，北側隣室を暖房してほぼ実験対象室と同温度になるようにした．床の断熱性能は変更を加えなかった．エアコン運転時は温水パネル内の水を抜いた状態で実験を行った．高断熱および中断熱の投足条件では，床暖房の設定温度を18・20・22・24 ℃，エアコンの設定温度を20・22・24・26 ℃のそれぞれ4条件とした．椅座位および低断熱条件の設定温度は表8-2に示す各2条件とした．

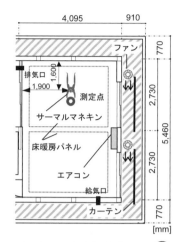

図8-1　実験対象室

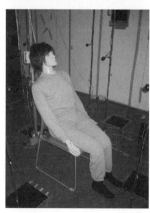

図8-2　サーマルマネキン

表8-1　各部位の面積と着衣量

部位	面積 m²	着衣量 clo
左足	0.04	0.26
右足	0.04	0.24
左下腿	0.09	0.73
右下腿	0.09	0.72
左大腿	0.16	0.62
右大腿	0.17	0.60
腹	0.17	1.24
顔	0.06	0.00
頭	0.05	0.00
左手	0.04	0.05
右手	0.04	0.08
左前腕	0.05	0.57
右前腕	0.05	0.61
左上腕	0.07	0.85
右上腕	0.08	0.95
胸	0.14	1.48
背中	0.13	1.32
全身	1.47	0.68

表8-2　実験条件と実験結果

暖房方式	開口部性能	断熱性能 W/m²℃	姿勢	設定温度 ℃
床暖房	高断熱（複層ガラス+カーテン）	3.1	投足位	18
				20
				22
				24
			椅座位	20
				24
	中断熱（単板ガラス+カーテン無）	3.3	投足位	18
				20
				22
				24
			椅座位	20
				24
	低断熱	3.72	投足位	18
				24
エアコン	高断熱（複層ガラス+カーテン）	3.1	投足位	20
				22
				24
				26
			椅座位	22
				26
	中断熱（単板ガラス+カーテン無）	3.3	投足位	20
				22
				24
				26
			椅座位	22
				26
	低断熱	3.72	投足位	20
				26

注）設定温度は暖房機コントローラーの設定値

2.4 測定項目

室内の20個所に設けられた鉛直ワイヤーに沿って高さ0（床）・100・600・1100・1700・2300・2400 mm（天井）で温度を，高さ100 mmと1100 mmでグローブ温度と風速を測定した．ここでは図8-1に示すサーマルマネキン後方の高さ1.1 mの測定点の値を示す．

3. 実験結果
3.1 室内温熱環境

図8-3は空気温度と平均放射温度の関係を示したものである．床暖房では，平均放射温度は空気温度とほぼ等しく，エアコンでは平均放射温度は空気温度よりも約1℃低い．風速は床暖房では0 m/s，エアコンでは0.04～0.15 m/sであった．速度分布のシミュレーション結果は文献（5）を参照されたい．

3.2 人体顕熱放熱量

図8-4は，空気温度と平均放射温度の算術平均として簡易に算出した作用温度を横軸にとって，サーマルマネキンの単位表面積当たりの顕熱放熱量を示したものである．作用温度が等しくても，暖房方式によって顕熱放熱量が大きく相違することがわかる．顕熱放熱量は温冷感と関連していると考えられるので[注1]，暖房方式が異なる部屋の温熱環境を作用温度のみで評価するのは充分とはいえない．ちなみに，1.1 met時の熱的中立状態における顕熱放熱量43.7 W/m²になる作用温度は，高断熱条件の場合，床暖房では22.7 ℃，エアコン投足位では26.6 ℃，エアコン椅座位では24.3 ℃となる．

3.3 等価温度

図8-5に作用温度と等価温度の関係を示す．等価温度t_{eq}[℃]は式(1)で求めた．

$$t_{eq}=t_s-Q_tR_t \tag{1}$$

ここで，t_sは平均皮膚温[℃]，Q_tはサーマルマネキンの単位面積当たりの放熱量[W/m²]である．R_tはサーマルマネキン表面から環境までの熱抵抗[(m²・K)/W]であり，着衣熱抵抗を求める際に測定した値を用いた．図8-5は，等価温度が等しい場合に，暖房方式や人体姿勢によって作用温度が大きく相違することを示している．

3.4 室内投入熱量

床暖房の場合は，温水出入口温度差と流量を測定して温水マットへの供給熱量を算出した．床上・床下熱量比aは，今回の実験室では$a=0.83$であった．エアコンに関しては，床面積20.8 m²と熱損失係数より算出した室内への総投入熱量からサーマルマネキンの放熱量を差し引いて求めた（図8-6参照）．表8-3に顕熱放熱量を代謝量1.1 met時の熱的中立状態に相当する値（43.7 W/m²）に保つために必要な室内暖房投入熱量を示す．室内暖房投入熱量は，全ての断熱条件において床暖房の方が小さい結果となった[注2]．

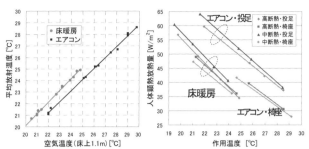

図8-3 空気温度と放射温度　　図8-4 作用温度と人体顕熱放熱量

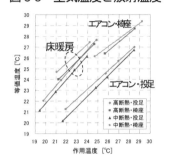

図8-5 作用温度と等価温度

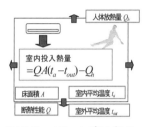

図8-6 エアコン室内投入熱量算出の概念図

表8-3 熱的中立時における室内投入熱量の比較

姿勢		投足位			椅座位	
断熱条件		高断熱	中断熱	低断熱	高断熱	中断熱
床暖房 [W]	$a=1.00$	1025	1375	1412	948	1128
	$a=0.83$	854	1146	1177	790	940
エアコン [W]		1393	1526	1717	1247	1306
FH($a=1.0$)/AC		0.74	0.90	0.82	0.76	0.86
FH($a=0.83$)/AC		0.61	0.75	0.69	0.63	0.72

4. まとめ

人工気候室内に設置した部屋モデルの断熱性能を三通りに変化させた場合の室内温熱環境をサーマルマネキンを用いて調べた．サーマルマネキンの姿勢は投足位と椅座位とし，暖房方式は床暖房とエアコンを用いた．平均放射温度は，いずれのケースでも床暖房は空気温度とほぼ一致し，エアコンでは空気温度よりも1 ℃低かった．作用温度と等価温度は正の相関があるが，それらの関係は暖房方式や姿勢によって異なる．室内暖房投入熱量は，いずれのケースでも床暖房はエアコンを下回った．

【注釈】（注1）皮膚温・濡れ率・皮膚表面熱流の三つが等しい場合に温冷感は等価であると考えられる．サーマルマネキンは，顕熱放熱のみを模擬しているので，厳密には人体の温熱生理反応とは一致しないが，熱的中立条件を満たす範囲であれば，人体の温熱生理反応を近似するものと考えられる[4]．（注2）超高断熱住宅では，暖房方式間の差異はほとんどなくなると考えられる．表8-3に示す結果はこの傾向とは異なる．本研究では，高断熱条件の床の断熱仕様を変更せずにそのまま中および低断熱条件でも用いた．このため壁・床・天井の断熱性能を比例的に変化させた場合に想定される傾向（FH/ACが低断熱で小さく高断熱で1に近づく）とは異なる結果となった．

【参考文献】
1) 大森ら：日本建築学会大会学術講演梗概集, pp.349-350, 2009
2) 稲垣ら：日本建築学会大会学術講演梗概集, pp.437-438, 2007
3) 田辺ら：日本建築学会大会学術講演梗概集, pp.1423-1424, 2007
4) S. Tanabe, et al.：ASHRAE Transactions 100 (1), pp.39-48, 1994
5) 大森ら：日本建築学会環境系論文集, 第76巻, 661号, pp.231-238, 2011
6) 篠原ら：日本建築学会環境系論文集, 第79巻, 706号, pp.1029-1035, 2014

(9) 建物内の評価① 天井タスク空調の評価事例

1. はじめに

タスク空調方式は冷房時に周囲環境（アンビエント）の設定温度を緩和して省エネルギーを図りつつ，居住者に快適な熱環境をもたらし生産性の向上を可能にする．居住域内におけるタスク吹出口の設置場所が課題となっているため，タスク吹出口を設置上の制約が少ない天井面に設けることが考えられるが，環境調整性能に不足があると十分にその特性を活用できない可能性がある．天井に設置されたタスク吹出口が利用者にもたらす環境調整性能をサーマルマネキンで評価した事例を紹介する[1]．

2. 対象空間とタスク空調方式の概要

対象空間は実験施設内の"ナレッジストリート"と呼ばれるB2階～4階までの吹き抜けとなった通過空間で，各フロアに数カ所の打ち合わせスペースを有する（図9-1）．ナレッジストリートは北面全面がLow-Eペアガラスとなっており，縦庇で直達日射を遮りブラインドレスとすることで天空光を取り入れている．各階ともに5台の空調機がナレッジストリートの実験室側天井裏に設置され，壁から横向きに吹き出された空気が天井裏を介して空調機に戻る（図9-1, 9-2）．ナレッジストリートは冷房時に室温をやや高めに設定し，打ち合わせスペースの在席時のみ利用者が天井に設置したタスク吹出口（吹出口寸法：86 mm×116 mm）の吹出気流を調整することにより快適感の向上と省エネルギーの両立を図っている（図9-2, 9-3）．吹出口内部のスライドシャッター開口率の調整による風量制御（図9-3の制御用ダイヤルスイッチ）と手動による風向調整が可能で，風量はL（約33 m³/h），M（約67 m³/h），H（約100 m³/h）とOFFの4段階で制御可能である．吹出空気をナレッジストリート空調機からダクトで分岐しており，タスク空調吹出温度はアンビエント吹出温度（レタン温度で制御）と同じとなる．

3. 測定結果
3.1 測定概要

タスク吹出温度・風量を変更した各条件における空気温度・風速分布を把握するため，図9-4に示す測定点で移動測定を行った．空気温度は熱電対による瞬時値を，風速は多点風速計により30秒平均値を記録した．別途，タスク吹出温度とアンビエント温度も測定した．サーマルマネキンの着衣量は実際の利用者の服装を想定して長袖Yシャツ・下着・スラックス・靴下・靴とし，熱損失量と表面温度の調整にComfort制御を用いて各部位皮膚温度・熱損失量を1分間隔で記録した．図9-4に示す天井タスク吹出下の座席①～③に約1時間設置した最後の5分間平均値を分析に使用した．表9-1に測定条件を示す．タスク空調は同一アンビエント系統の空調機の設定温度

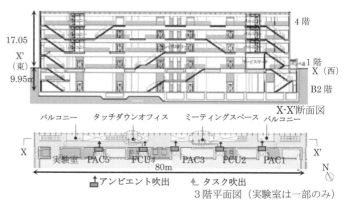

図9-1 対象空間（ナレッジストリート）の断面・平面

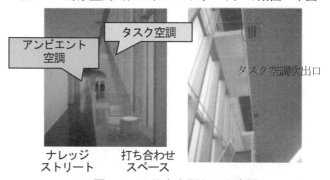

図9-2 天井吹出型タスク空調

図9-3 天井吹出型タスク空調の吹出口と制御用スイッチ

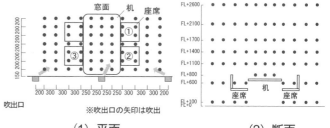

(1) 平面　　　(2) 断面

図9-4 空気温度・風速測定点

表9-1 測定条件

アンビエント設定温度	タスク吹出温度	タスク風量モード
28℃	等温	H,M,L,OFF(0～122m³/h)
	非等温	H,M,L,OFF(0～122m³/h)

を変更することで吹出温度を等温・非等温とし，風量モードを4段階とした．

3.2 温度・風速分布

天井吹出・風量モードHにおける，等温・非等温吹出時の風速分布を図9-5に，非等温吹出時の温度分布を図9-6に，測定状況を図9-7示す．風速は座席②・③で最大1.4〜1.6 m/s，座席①で1.0〜1.2 m/sである．非等温吹出（吹出温度15.1 ℃）では，座席位置で周囲温度より約2 ℃低下しており，各座席がスポット的に空調されていることが確認できる．また非等温吹出では等温吹出より気流が下降しやすくなり，高風速域が吹出口寄りに見られる．なお，風量を最大にした場合の風速は比較的大きいが，個人の好みにより風量を変更可能なためドラフトによる不快感は生じにくいものと考えられる．

3.3 タスク吹出気流に対する満足者率

タスク吹出が居住者に与える影響を表す指標の1つとして，タスク吹出気流による満足者率（Percentage of Satisfied People，PS）[2]を算出した．図9-8に満足者率分布を示す．座席付近で80％以上となり，非等温吹出では等温吹出の場合より広範囲で高い満足者率が得られた．

3.4 サーマルマネキンによる測定結果

タスク気流による冷却効果の指標としてサーマルマネキンによる等価温度[3]を算出した．図9-9に座席②の等価温度を示す．タスク吹出なしの場合においても左右の等価温度が異なるのは右側の窓からの放射の影響が大きいと推察される．吹出風量が大きくなると，全身にわたり等価温度が低下している．等温吹出時の頭部や非等温吹出時の左上腕部のように等価温度が大きく低下している部位は吹出気流の影響を強く受けていると考えられ，等温吹出と非等温吹出の場合の気流到達位置の違いから，影響を受ける部位が異なっているものと考えられる．また，右手の等価温度が低いのは座席①に向けた気流の影響を受けたものと考えられる．風量最大とタスク吹出なしの場合の全身の等価温度差は天井吹出・等温で3 ℃，天井吹出・非等温で4 ℃である．

【参考文献】
1) 武政・加藤ほか：ミーティングスペースを有する通過空間の温熱環境に関する研究(その1〜2)，日本建築学会大会，2010年
2) Fountain et al. : Locally Controlled Air Movement preferred in Warm Isothermal Environments, ASHRAE Transactions, Vol. 100, pp.937-952, 1994
3) 田辺ら：皮膚温度可変型サーマルマネキンによる室内環境評価法に関する研究，日本建築学会計画系論文報告集　第448号，1993

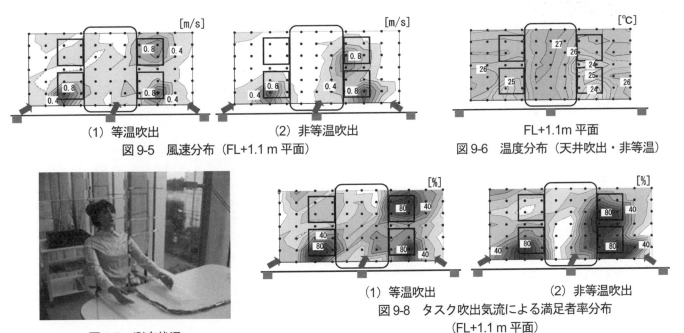

図9-5 風速分布（FL+1.1 m 平面）
(1) 等温吹出　(2) 非等温吹出

図9-6 温度分布（天井吹出・非等温）FL+1.1m 平面

図9-7 測定状況

図9-8 タスク吹出気流による満足者率分布（FL+1.1 m 平面）
(1) 等温吹出　(2) 非等温吹出

図9-9 サーマルマネキンによる等価温度（座席②）
(1) 天井吹出・等温　(2) 天井吹出・非等温

(9) 建物内の評価② 自然換気併用空調の評価事例

1. はじめに

自然換気併用空調システムは空調設備で冷房を行いながら自然換気により外気を取り入れ，冷房負荷を削減する．自然換気がもたらす室内温熱環境の時変性は予測が出来ないため，評価には一週間程度の連続測定が必要となり，被験者を用いた申告では調査が困難である．一方，サーマルマネキンは長期の評価が可能である点で優れているが，自然換気等により生じる非定常環境の計測は行なわれておらず，また測定時の課題も明確ではない．自然換気併用冷房時の室内環境評価結果を報告しサーマルマネキンを用いた連続評価の有効性と課題を示す[1]．

2. 建物と空調システムの概要

対象建築物は，東京都に立地する事務所・ホテルの複合建築物（鉄骨造，地下4階・地上38階，図9-10）で，本研究の対象とする自然換気併用空調は2階から22階までの事務所基準階に適用されている（図9-11）．階高が4.2 mである事務所は2フロアで1ユニットとなっており，中央にオフィスガーデン（以下，OG）と呼ばれる吹抜け（南面は全面Low-Eガラス）がある．空調システムは風力換気を主体とした自然換気併用空調が可能となっており，自然換気口は事務室の天井裏とOG天井・床及び上下層のEVホール（EPS横）に設けている．自然換気は外界条件により実効許可を判断し（表9-2），居住域にあるOGとEVホール換気口は外気温度と風速に応じて内部ダンパー開度を調整している．

3. 測定結果
3.1 測定概要

自然換気が室内環境に与える影響が最も大きくなる地点として，14階OG床換気口近傍を選択し，サーマルマネキン（体表面20分割）を設置した（図9-11, 図9-12）．着衣量は0.76 clo（椅子を含むと0.94 clo）である．室内物理環境として近傍のFL+1.1 mと0.1 mで風速と温度を測定し，床換気口の温度と直上の風速，および天井換気口の温度を測定した．外界気象は気温と水平面全天日射量を屋上で測定したが，風速は建物自体の影響を排除するため東京管区気象台の記録を用いた．

3.2 気象条件と空調システム運転状況

2003年10月22日～10月28日の気象条件とオフィスガーデン空調機運転状況，自然換気実行時間を図9-13に示す．外気温は24日5時40分に12 ℃まで低下しているが，ほとんどの時間が15 ℃を上回り，最高気温は22.7 ℃（26日13時20分）と自然換気許可条件を満たしている時間が長い．また23日，24日，26日は比較安定した日射量を観測している．自然換気口の空気温度と風速を見ると（図9-14），自然換気実行時に床換気口の風速が上昇し26日15時20分に最高となる1.39 m/sを記録

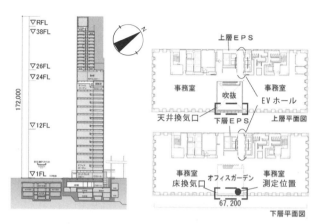

図9-10 建物断面図　　図9-11 基準階平面図

表9-2 自然換気制御パラメータ

測定項目	許可条件
外気温度	15℃以上、26℃以下
屋上風速	8m/s以下
外気エンタルピ	52kJ/kg'以下
外気露点温度	16℃以下
降雨	なし

図9-12 測定状況

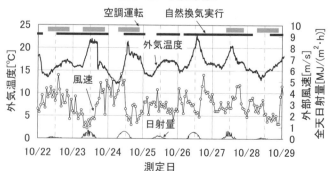

図9-13 外界気象条件と空調システム運転状況

している．床換気口温度は自然換気の実行時に合せて変化しているが天井換気口温度は変化が見られない．別に行った実測によれば自然換気実行時に天井換気口から空気が流出する時間が比較的多く，天井換気口が室内環境に与える影響は床換気口に較べて小さいと考えられる[2]．

3.3 室内温度と風速

23 日，24 日，26 日の午前に南面ガラスを透過した日射によりサーマルマネキン近傍の気温が 28 ℃以上に上昇している（図9-15）．FL+1.1 m の気温はほとんどの時間で23～26 ℃の範囲だが，FL+0.1 m は夜間の自然換気実行時に低下する傾向がある．風速はFL+1.1 m がFL+0.1 m よりも低い傾向があるが，空調時間には 0.3 m/s～0.5 m/s と違いが少ない．一方，非空調時では床換気口吹出風速が大きい 26 日午後に床上高さによる高低関係が逆転しFL+1.1 m の風速が 1 m/s 近くに上昇している．床換気口から気流が吹き上がるためである．

3.4 サーマルマネキンによる温熱環境評価

(1) 熱損失量の変化　測定では熱損失量の制御にcomfort制御（式(1)）を用いた．熱損失量は23 日，24 日，26 日に大きく低下しており，足と顔や頭部で時刻にずれが見られる（図9-16）．人体部位に日射が当る時刻に表面温度が上昇し，式(1)より熱損失量が 小さくなるためである．熱損失量が 0 W/m² になると等価温度[3]は式(2)より表面温度と等しくなるが，気温と表面温度が等しい場合には風速の影響を評価できなくなる点に注意が必要である．

$$t_{si} = 36.4 - 0.054 Q_{ti} \quad \cdots\cdots(1)$$
$$t_{eqi} = t_{si} - 0.155(I_{cli} + I_{ai}/f_{cli})Q_{ti} \quad \cdots\cdots(2)$$

(2) 等価温度による環境評価　全身の等価温度は日射の影響がある 23 日，24 日，26 日の午前から 12 時 30 分にかけて 28 ℃を上回り，近傍風速が高い 26 日午後には 20 ℃を下回るが，ほとんどの時間で 20～28 ℃である（図9-17）．自然換気のみで空調を行わない 25 日でも等価温度の変化は小さく，自然換気口を居住域に持つ空間の特性を考慮するとアダプティブ制御の考え方から中間期には自然換気のみで適切な温熱環境が維持できると考えられる[4]．局所温冷感として等価温度の上下温度差（頭部と顔の面積平均－右足 or 左足の低い方）を算出すると，23 日，24 日，26 日の午前は日射の影響によりISO7730 カテゴリーBの基準値である 3 ℃を上回っている．但し，12 時近くになると，日射が下半身に当るため，上下温度差が逆転している．また，自然換気のみを実行している 25 日午後に上下温度差が 3 ℃を上回っているが，床換気口の吹出風速が高い 26 日には上下温度差は大きくない．床換気口の吹出風速が比較的低いと足元が冷却されるが，吹出風速が大きくなると気流が吹き上がり上半身が冷却されるためだと考えられる．

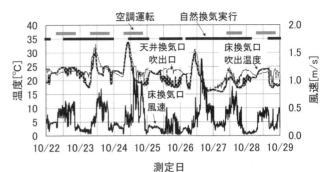

図9-14　自然換気口の空気温度と風速

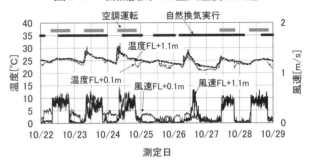

図9-15　室内温度と風速

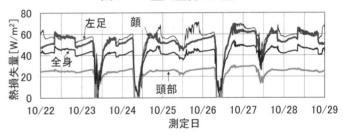

図9-16　サーマルマネキン熱損失量の変化

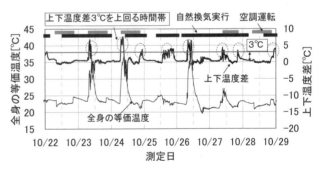

図9-17　等価温度の変化

【参考文献】
1) 三浦：サーマルマネキンを用いた自然換気併用空調の室内温熱環境評価，日本建築学会大会学術講演梗概集，2011
2) 三浦ら：超高層建物における自然換気併用空調システムの利用と運転実績，日本建築学会シンポジウム，2005
3) 田辺ら：皮膚温度可変型サーマルマネキンによる室内環境評価法に関する研究，日本建築学会計画系論文報告集　第448 号，1993
4) ISO 7730-2005

【記号】t_{eq}：サーマルマネキンの等価温度[℃], I_{cl}：基礎着衣熱抵抗[clo], I_a：裸体時体表面積基準の着衣外表面から環境までの熱抵抗[clo], f_{cl}：着衣面積比（被服着用時の全表面積/体積面積）[－], t_s：皮膚表面温度[℃], Q_t：着衣時の表面よりの熱損失量 [W/m²]（添え字の i は各部位を表す．）

(9) 建物内の評価③ 大空間建築の評価事例

1. はじめに

座席空調方式は，劇場や映画館など天井の高い大空間建築物において，居住域だけを効率よく空調する方式であり，省エネルギーの観点からも有効である．その一方で，吹出口が観客に近い位置にある座席空調において不快な気流感を感じさせることなく，快適性の高い座席空調を実現するかが課題となる．また，意匠性の観点からも，目立ちにくく座席スペースを有効に確保できる吹出口形状が求められる．既往の研究[1]では，空間に余裕を持たせつつ，不快な気流を感じさせない背板を利用した座席空調を考案し，実験室においてモックアップ実験を行なった．ここでは，実際にホールに採用した座席空調システムについて，人体の姿勢を考慮した吹出気流による冷却効果を評価するため，サーマルマネキンを用いて測定した事例について紹介する．

2. 座席空調方式及び測定方法の概要

図 9-18 に評価対象とした座席空調方式の概念図を示す．座席下部よりダクト接続し，背板両面の肘掛側面より斜め上方へ吹出した気流がコアンダ効果により背板に沿って上昇し，中央で合流する方式である．従来の足元から吹き出す方式と比較し，頭上方向に冷風が流れることから足元を急激に冷やすこと無く，快適性の高い環境を実現することを意図している．

図 9-19 にホール内の測定機器のレイアウトを，図 9-20 に測定風景を示す．500 人収容可能なホールに対し，中央前方エリアの座席を評価対象の座席とし，22 部位に分割されたサーマルマネキン及び測定機器を設置した．サーマルマネキンの着衣は，軽装(半袖シャツ，T シャツ，パンツ，スラックス，靴下，革靴)とした．座席に人が座っていることを想定し，人体模擬発熱体(60 W の電球をプラスチックダンボールで囲ったもの)を設置して人体熱負荷とした(図 9-20)．照明はホール部で 500 lx の照度とし，ステージ部は消灯した．9 時より空調及び測定を開始し，温度が安定し，定常状態となった時間帯の値を平均して評価した．図 9-21 に座席周辺の温度・風速測定点を示す．手すり側を断面 A，座席中央を断面 B とし表記する．測定用の金属ポールで架台を組み，これより熱電対を垂らし，温度を測定した．座席周辺の温度が安定した後，熱線風速計にて気流速度を測定した．また，併せてスモークテスターにて風向確認を行った．

室温設定は 26 ℃とし，吹出温度は 21 ℃とした．また，吹出口風量は 30 m³/(h·席)として測定を行った．

3. 測定結果
3.1 温度・風速分布

図 9-22 に座席周辺の温度分布測定結果を，図 9-23 に風向風速の測定結果を示す．

図 9-18 評価対象とした座席空調方式

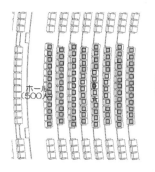

図 9-19 測定レイアウト

図 9-20 測定風景(発熱体とサーマルマネキン)

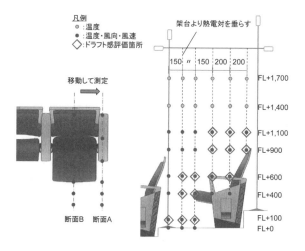

図 9-21 座席周辺の測定点

温度分布測定結果から，背板に沿って吹出された冷気が座席前面に層状に立ち上がり，居住域に覆いかぶさっている様子がわかる．また，風向測定結果では，断面 A の顔部から胸部にかけて冷気が上部から降りてくる様子が見てとれる．居住域の風速は概ね 0.15 m/s 程度に抑えられているが，断面 B 頭上付近で 0.28 m/s と若干高い風速を示している．これは，背板からの吹き出しの影響と考えられる．

温度分布に関しては，設定室温 26 ℃に対して 26 ℃前後にて分布していることがわかる．足元の温度が頭部と比較してやや低い状況ではあるが，上下温度差は 1.2 ℃程度であり，ASHRAE の推奨温度範囲内[2]である．

3.2 作用温度とサーマルマネキン等価温度

サーマルマネキンを用いて作用温度と等価温度の評価を行なった．図 9-24 に 26 ℃静穏気流条件下およびホール座席における作用温度と等価温度の測定結果を示す．ここで作用温度は発熱させていないサーマルマネキンの表面温度を表す．また，人工気象室に同座席を設置してマネキンを座らせ，26 ℃設定で人工気象室を空調した際の条件を 26 ℃静穏気流条件とし，等価温度算出における標準環境条件とした．

26 ℃静穏気流条件における作用温度および等価温度は頭部でやや高い値を示すものの，比較的均一な環境であり，全身で 26.2 ℃の標準条件であった．一方，ホール座席の作用温度は足元で 25.3 ℃程度，頭部で 26 ℃程度と上下温度分布があるものの，全身では標準条件と同じ 26.2 ℃の条件であった．作用温度と等価温度を比較すると等価温度の方が低い結果であり，気流による冷却効果が確認される．特に背板に沿って吹出された冷気が降りてきている胸部付近の等価温度は低く，24 ℃程度であった．全身の等価温度は 25.2 ℃であり，作用温度よりも 1 ℃低い結果であった．

4. まとめ

背板を利用した座席空調方式を実際のホールに採用し，温熱環境の測定評価を行なった．温度や風速測定に加え，サーマルマネキンを用いて作用温度および等価温度の評価を行なった．

ホール座席の居住域において，居住域の風速を 0.15 m/s 程度に抑え，上下温度差も 1.2 ℃程度と良好な温熱環境であった．また，背板に沿って吹出された冷気が顔部から胸部にかけて降りてきており，作用温度は 26.2 ℃に対してサーマルマネキン等価温度は 25.2 ℃であったことから，冷却効率の高い空調方式であると考える．本方式では，吹出口の形状を肘掛後方側面に設けることで，背板の厚みを無くし，前方の空間にゆとりをもたせることができ，環境性と意匠性の融合した座席空調を構築することができたと考える．

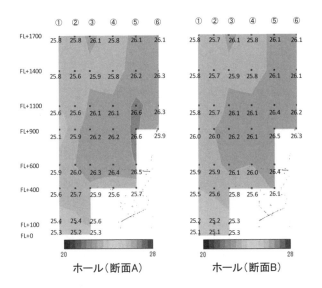

図 9-22 座席周辺の温度分布

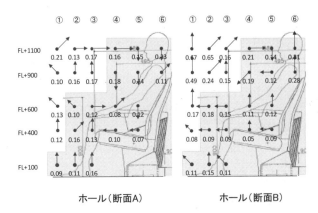

図 9-23 座席周辺の風向・風速

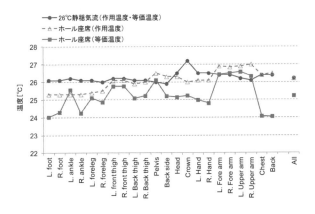

図 9-24 作用温度と等価温度

【参考文献】
1) 石橋ら：背板を利用した座席背面吹き出し空調システムの性能評価，空気調和・衛生工学会学術講演会論文集，pp.1043-1046, 2011
2) ASHRAE: ASHRAE Handbook-Fundamentals, 2005
3) 廣田ら：環境配慮技術を導入した都市型高層テナントオフィスビルの運用実績と環境評価（第 8 報）空気調和・衛生工学会学術講演会論文集，pp.377-380, 2013

(10) パーソナル空調①
天井/机上吹出しによるタスク・アンビエント空調の評価事例

1. パーソナル空調とサーマルマネキン

個人の快適環境創造と省エネルギーを両立することが可能なシステムとして，パーソナル空調が着目されている．特に室内空間を執務者エリア（タスク域）とその周辺エリア（アンビエント域）に分割して空調するタスク・アンビエント空調への注目度が高く，執務者の快適性や知的生産性の向上，省エネルギーの可能性などについて検討が重ねられている．一方で，十分な普及には至っておらず，その原因のひとつとして，執務者周辺で生じる熱・気流性状の把握が容易ではないため，執務者の快適性を簡便に評価できないことが考えられる．この課題に対応するために，タスク域における温熱快適性評価に複雑な人体形状を再現し，人体発熱を模擬できるサーマルマネキンを適用することが考えられる．

本稿では倉渕ら[1]が実施した2種類のタスク空調吹出し口を有するタスク・アンビエント空調システムにおいて，温熱環境評価にサーマルマネキンを用いた事例について紹介する．

2. 実験概要

オフィスを想定した空間を対象とし，タスク空調として，机上吹出し及び天井吹出しを想定したタスク・アンビエント空調について，サーマルマネキンを用いた環境評価を実施した．同時に被験者実験についても実施し，サーマルマネキン（コンフォート制御）が人体表面温度をどの程度模擬できるか，確認を行った．

2.1 実験室概要

実験室はオフィス空間の一部を想定した居室（5.4 m×3.2 m×2.8 m）であり，パーティションで隔てられた2人分の執務スペースがある（図10-1）．天井に設置された有孔板（孔径0.05 mm，開口率0.64 %）による天井全面吹出しによりアンビエント空調を行い，座席上部に設置された天井吹出し口もしくは机上吹出し口のいずれかによりタスク空調を行うシステムとなっている（図10-2）．タスク空調の吹出し風量は机上に設置された風量調整つまみにより，応答性良く変化させることが可能である．

サーマルマネキンにはオフィス空間の執務者を想定し，長袖Yシャツ・下着・スラックス・靴下・靴を着用させた．着衣量を測定した結果，0.64 cloであった．

2.2 サーマルマネキンと被験者の表面温度比較

図10-4に2名の被験者（20代の男女1名ずつ）による表面温度測定（図10-3参照）およびサーマルマネキンから得られた部位別の表面温度（共にタスク空調は机上吹出し）を示す．これによると，表面温度は概ね対応していることが確認できる．

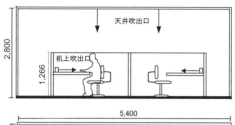

図10-1 実験室概略図　単位：[mm]

(1) 天井吹出し口　　　(2) 机上吹出し口

図10-2 タスク空調吹出し口

(1) 被験者実験　　　(2) サーマルマネキン

図10-3 実験状況

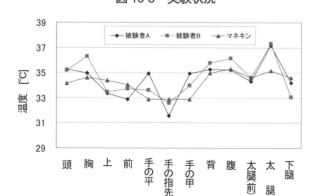

図10-4 部位別表面温度の比較(机上吹出し)

2.3 基準環境測定

次にサーマルマネキンの損失熱量と周囲環境との関係を調べるため，タスク空調を使用せず，アンビエント空調のみで環境制御を行った状況で基準環境測定を実施した．測定ケースを表10-1に示す．基準環境測定では，マネキンの損失熱量に対応するPMVを算出する．PMVの算出条件として，相対湿度50 %，着衣量0.64 clo，代謝量1.1 met，風速0.1 m/sを使用した．また，空気温度と壁面温度の差は0.1～0.3 ℃と小さかったため，グローブ温度を空気温度及びMRTとした．マネキンの全身発熱量とPMVの関係を図10-5に示す．この結果，発熱量が41.8 W/m^{2}のときにPMV = 0となることが示された．

2.4 サーマルマネキンによるタスク・アンビエント空調の評価

アンビエント温度（28・26 ℃），タスク空調吹出し位置（天井・机上），タスク空調吹出し温度（アンビエント温度，アンビエント温度-4 ℃，アンビエント温度-8 ℃）をパラメータとし，サーマルマネキンマネキンを用いたタスク・アンビエント空調実験を行った．各ケースの吹出し風量は，武政らが別途実施した同様の被験者実験[2]において，被験者が自発的に調整した風量の平均値を設定した．表10-2に測定結果を示す．表中のPMVは，図10-5に示した全身発熱量とPMVの関係より算出した．

2.5 サーマルマネキンの部位別損失熱量

図10-6にタスク・アンビエント空調時とアンビエント空調のみの状況における部位別損失熱量の比較を示す．なお，ここでは簡略化のため，サーマルマネキンの分割について20部位を11部位に統合している．(1) アンビエント28 ℃・天井吹出しと，(2) アンビエント26 ℃・机上吹出しの結果を部位別で比較すると，頭・胸・腕・手・腹で比較的近い値となり，背中・腰・下半身では差が大きくなった．

3. まとめ

執務スペースにおいて複雑な気流場・温度分布を形成するタスク・アンビエント空調空間に対し，サーマルマネキンを適用した検討事例を報告した．サーマルマネキンを用いることによって，アンビエント温度やタスク空調の吹出し位置・温度・風量が異なる各ケースにおいてPMVを示すことができ，不均一環境評価におけるサーマルマネキンの有用性が確認できる．

【参考文献】
1) 浅野・倉渕ら：サーマルマネキンを用いたタスク・アンビエント空調時の室内環境評価に関する研究(その1)サーマルマネキンを用いた実験による快適評価手法の検討，日本建築学会大会学術講演梗概集，pp.933-934, D-2, 2009
2) 武政ら：天井吹出を用いたタスクアンビエント空調に関する研究(その1~3)，日本建築学会大会学術講演梗概集, D-2, 2008

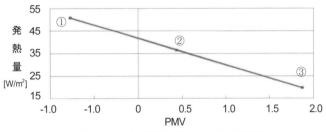

表10-1 基準環境測定

ケース	空気温度[℃]	MRT[℃]	湿度[%]	着衣量[clo]	代謝量[met]	風速[m/s]	PMV
①	22.0	22.0	50	0.64	1.1	0.1	-0.77
②	26.0	26.0					0.44
③	30.7	30.7					1.88

図10-5 全身発熱量とPMVの関係

表10-2 測定結果

アンビエント温度[℃]	タスク空調			サーマルマネキン発熱量[W/m^2]	PMV
	吹出し位置	吹出し温度[℃]	吹出し風量[m^3/h]		
28	天井	28	25.8	31.3	0.89
28	天井	24	22.0	31.8	0.85
28	天井	20	20.0	32.5	0.78
26	天井	26	24.2	37.6	0.35
26	天井	22	19.8	39.4	0.20
26	天井	18	15.1	39.3	0.20
28	机上	28	36.0	32.0	0.83
28	机上	24	36.7	36.9	0.41
28	机上	20	32.3	35.2	0.56
26	机上	26	32.7	37.4	0.37
26	机上	22	20.5	38.0	0.32
26	机上	18	15.6	38.1	0.31

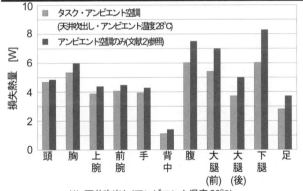

(1) 天井吹出し(アンビエント温度28℃)

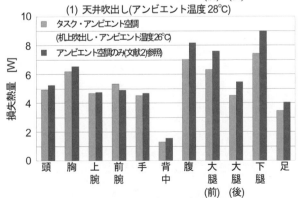

(2) 机上吹出し(アンビエント温度26℃)

図10-6 タスク・アンビエント空調とアンビエント空調時の部位別損失熱量

(10) パーソナル空調②
放射冷房と気流を併用したタスク・アンビエント空調の評価事例

1. はじめに

近年，環境負荷低減と知的生産性向上とを両立させることが望まれていることから，省エネルギーを図りながら快適で質の高いオフィス空間を実現することが必要である．これらを実現する手法として，執務者に気流感を与えずに放射環境を調整する放射冷房があるが，執務者の活動状態や好みに応じて気流感を調整できることが執務者の満足度向上につながると考えられる．

従来の放射冷房は，冷水配管を敷設して天井面の温度を調整する場合が多いが，漏水リスク回避の観点から冷風を用いて放射冷房を実現することが望ましい．通気性のある膜を天井に設け，膜を介して冷風を室内へ供給することで，膜表面を冷却しながら室温調整ができ，簡易な放射冷房システムとなる．以上のことから，執務者の気流感も調整可能なタスク・アンビエント（TA）対応の膜放射冷房（TAK-Rシステム）を評価対象とし，温熱環境と知的生産性の両面から執務者に与える影響を明確にするための実験的研究を行なった[1]．ここでは，天井面との放射熱交換や気流による人体の冷却効果を評価するにあたり，サーマルマネキンを用いることで人体形状と姿勢を考慮した測定評価事例を紹介する．

2. 実験概要
2.1 実験システム

本実験では，図10-7に示す実験室に机，椅子，サーマルマネキン，パソコン模擬発熱体（25W×6個），人体模擬発熱体（80W×5個）を配置し，オフィスを想定した．使用したサーマルマネキンは17部位に分割されており[2]，測定時の制御はコンフォート制御とした．評価対象システムは，一般的な対流空調，パネル放射冷房及び膜放射冷房，これらとタスク・アンビエント（TA）を組み合わせた方式とした．パネル放射冷房は冷水配管を金属天井面裏側に接触させて天井面を冷却する一般的な天井放射冷房を想定した条件である．膜放射冷房は前述の通り，冷風で天井面を冷却しながら室温調整する方式である．一般空調の吹出はアネモ型，パーソナル空調の吹出は指向性の高い気流性状を有したタイプ[3]とした．

2.2 実験条件

実験の着衣条件は，スーツとした条件とCOOLBIZを想定して軽装とした条件の2条件とした．対流空調は，設定室温と着衣条件をパラメータとし，パネル放射冷房及び膜放射冷房とTA対応方式はCOOLBIZ条件でパーソナル吹出口の風量をパラメータとした．なお，本実験では，室内平均温度が設定室温となるようにアネモ型吹出口の吹出温度，吹出風量を調整した．

2.3 測定項目

測定項目は，サーマルマネキン各部位の皮膚表面温度，顕熱損失量とし，測定値から算出した等価温度にて人体の冷却効果を評価した．実験室内の温熱環境の把握と確認を目的として，実験室内の空気温度，微小面放射温度，グローブ温度，実験室内の気流速度，人体周囲の気流速

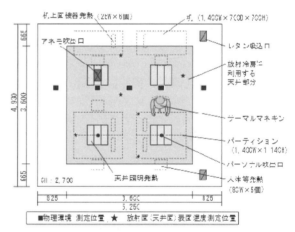

図10-7 実験室レイアウト

表10-3 測定条件

条件名	空調方式	設定室温	着衣	境界条件				
				吹出温度 [℃]	アネモ及びパーソナル吹出口		吹出風量 [m³/h]	表面温度 [℃]
					アネモ 吹出風量 [m³/h]	パーソナル 吹出風量 [m³/h個]		
25_A_Suit	対流空調	25℃	スーツ	17.0	370			
26_A_Suit		26℃		18.0				
28_A_Suit		28℃						
28_A			軽装	20.0				
28_A_Pd20	タスク・アンビエント対応対流空調（TA対応対流空調）				330	20		
28_A_Pd30					310	30		
28_Rp	パネル放射冷房				138			22.0
28_Rp_Pd20	タスク・アンビエント対応パネル放射冷房（TA対応パネル放射冷房）				98	20		
28_Rp_Pd30					78	30		
28_Rm	膜放射冷房						370	23.4
TAK-R_20 (28_Rm_Pd20)	タスク・アンビエント対応膜放射冷房（TAK-Rシステム）					20	330	
TAK-R_30 (28_Rm_Pd30)						30	310	

※条件名において，先頭数字は室温設定条件，Aは対流空調方式，Rpはパネル放射冷房方式，Rmは膜放射冷房方式，Pd数字はパーソナル空調方式と吹出口1個あたりの吹出風量を示している．Suitが併記されている条件は着衣がスーツ条件であり，併記されていないものは軽装条件である．なお，タスク・アンビエント対応膜放射冷房はTAK-Rと称し，添え数字はパーソナル吹出口1個あたりの吹出風量を示している．

度，吹出温度，天井放射面の表面温度の測定を行った．また，これらの測定値から各条件の平均放射温度，作用温度といった温熱環境の代表値を算出するとともに，室内温度分布についても評価を行った．

3. 実験結果
3.1 室内温熱環境

各条件の定常に近い状態において，室内中央付近 FL+1.1 m での温熱環境を表 10-4 に示す．パネル放射冷房と膜放射冷房及びこれらに TA を組み合わせた方式では，対流空調に比べて居住域の上下温度差が小さく頭寒足熱の傾向がみられた．また，空気温度 28 ℃条件において，放射冷房効果により平均放射温度が低下し，作用温度が 0.3〜0.4 ℃低い値となった．

3.2 顕熱損失量と等価温度

図 10-8 にサーマルマネキンの顕熱損失量を，図 10-9 に等価温度を示す．なお，本評価においては，等価温度算出時の標準環境を 28_A 条件とし，比較評価を行なった．パネル放射冷房及び膜放射冷房では，対流空調に比べて顔の冷却効果が小さく，天井放射の影響が比較的大きい大腿，下腕，手での冷却効果が大きくなった．膜放射冷房は，パネル放射冷房に比べて顔，頭頂部，手，胸部で冷却効果が大きかった．膜放射冷房は天井膜面から冷えた空気を室内へ供給するため，天井面との放射熱交換に加えて人体上部における微弱気流による冷却効果も大きいと考えられる．

TA 対応については，パーソナル風量が大きいほど，対流空調との組み合わせでは顔部で，パネル及び膜放射冷房との組み合わせでは胸部，大腿，下腕，手での冷却効果が大きい傾向が見られた．TAK-R システムでこれらの部位の冷却効果が特に大きかったのは，パーソナル気流に誘引される天井面近傍の空気温度が低く，パーソナル気流が人体に到達しやすかったためと考えられる．

全身等価温度については，膜放射冷房が対流空調及びパネル放射冷房と比べて，0.5〜1.1 ℃低くなった．TA 対応において，パーソナル吹出風量を大きくした場合では，対流空調との組み合わせで 0.4〜0.6 ℃，パネル放射冷房との組み合わせで 0.1〜0.9 ℃，TAK-R システムで 0.7〜1.1 ℃低下した．TAK-R システムは，従来の COOLBIZ 条件の対流空調に比べ，全身等価温度を約 1.6 ℃下げる効果があることが示された．

4. まとめ

環境負荷低減と知的生産性向上とを両立させることを目的としたタスク・アンビエント対応の膜放射冷房システムを対象に，サーマルマネキンを用いた測定評価を行なった．マネキン顕熱損失量と等価温度を他システムと比較した結果，膜放射冷房はタスク・アンビエント空調との親和性が高く，TAK-R システムは人体の冷却効果が高いことが示された．

表 10-4　室内温熱環境測定結果

条件	空気温度 [℃]	上下温度差 [K]	風速 [m/s]	平均放射温度 [℃]	作用温度 [℃]
25_A_Suit	24.8	-0.2	0.13	25.6	25.2
26_A_Suit	26.0	-0.3	0.13	26.6	26.3
28_A_Suit	28.0	-0.3	0.14	28.4	28.2
28_A	28.0	-0.2	0.13	28.5	28.2
28_A_Pd20	28.0	-0.2	0.14	28.4	28.2
28_A_Pd30	28.0	-0.3	0.13	28.5	28.2
28_Rp	28.1	0.0	0.07	27.5	27.8
28_Rp_Pd20	28.2	0.1	0.10	27.6	27.9
28_Rp_Pd30	28.1	0.2	0.05	27.7	27.9
28_Rm	27.9	0.2	0.08	27.6	27.7
TAK-R_20	28.0	0.2	0.06	27.8	27.9
TAK-R_30	28.0	0.1	0.04	27.7	27.8

※上下温度差は（FL+100mm の空気温度）−（FL+1,700mm の空気温度）を表す．

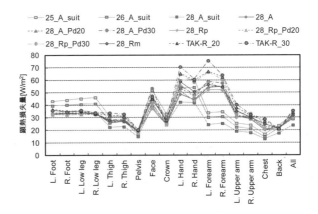

図 10-8　顕熱損失量

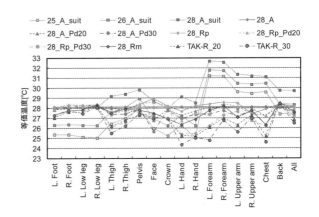

図 10-9　等価温度

【参考文献】
1) 和田ら：タスク・アンビエント対応膜放射冷房システムに関する研究（その 1〜5），日本建築学会大会学術講演梗概集, pp.1077-1086, 2010
2) 田辺ら：皮膚温度可変型サーマルマネキンによる室内環境評価法に関する研究，日本建築学会計画系論文報告集, 第 448 号, pp.1-8, 1993
3) 粕谷ら：放射冷暖房を考慮したパーソナル空調方式に関する研究（第 2 報），空気調和・衛生工学会学術講演会論文集, pp.237-240, 2009

(10) パーソナル空調③
サーマルマネキンを用いたタスク・アンビエント空調の評価事例

1. はじめに

室内空気調和制御の目的のひとつは，空調空気を効率よく供給することによって在室者の健康と快適性を確保することにある．完全混合を前提とした空調方式（図10-10 上）の場合は，供給空気は拡散・混合しながら居住域へと到達するが，この拡散・混合によって均一環境を形成することをその設計思想としているため，暑がりや寒がりなどの在室者の個人差を考慮することができない．一方でパーソナル空調方式は，その制御対象空間を各個人周辺の領域のみに絞ることで，各個人に効率的に空調空気を供給することができる．パーソナル空調では，図10-10 下に示すように様々な吹出位置が考えられる．

ここでは，パーソナル空調により形成される人体周辺環境を数値シミュレーション及び実験により評価した事例を紹介する．

2. 不均一環境下の人体位置変更の影響

パーソナル空調時には不均一な環境が形成されるため，人体位置が異なると人体各部位がさらされる環境も異なる．ここでは，数値シミュレーションを用いて人体位置変更の影響を人体皮膚温及び放熱量より求めた．

解析対象空間及びマネキンを図 10-11 に示す．机上に設置したパーソナル空調ユニットより 17 ℃の冷風が吹き出し，椅座位の数値マネキンが正対するものとする．マネキン位置は，空調風を正面から受けるケース 1 と，体を左方向に 200 mm 移動させることで右側に空調風を受けるケース 2 とした．マネキン形状は実験サーマルマネキンより再現され，その総表面積は約 1.46 m² である．人体の温度境界条件として Fanger の快適方程式を全表面メッシュに適用した．

3. 結果 - 皮膚温と放熱量

計算により得られた皮膚温分布と放熱量分布を図10-12 に示す．両ケースとも全身平均皮膚温は約 34.0 ℃と大きく変わらなかった．ケース 1 と 2 の違いに着目すると人体位置が左に移動することで特に上半身の左右非対称性が著しくなり左右上腕部で約 1 ℃の差異が生じた．また放熱量分布では，全身平均値は 42.5 W/m² であったが，着衣が無い手や首などの露出部位では 60.0 W/m² 以上となった．また皮膚温と同様に放熱量も，右側に風を受けた場合では左右の勾配が大きくなっており，手では 20 W/m²，上腕では 30 W/m² 程度の差異となっていた．

このように，人体の皮膚温や放熱量を求めることで温熱環境を評価できるが，等価温度の概念を導入することで皮膚温と放熱量の双方を考慮した包括的な評価が可能となる．次に，実験によるパーソナル空調時の等価温度の評価例を示す．

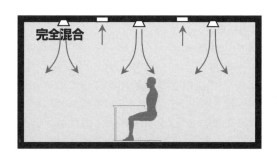

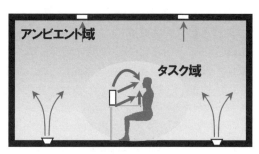

図 10-10　完全混合方式とパーソナル空調の吹出位置例

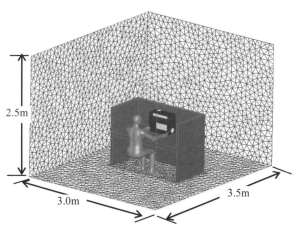

図 10-11　パーソナル空調とマネキンの数値モデル

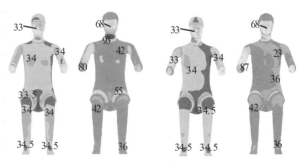

a) 体の中央に風を受けた場合　b) 体の右側に風を受けた場合
図 10-12　結果-皮膚温 [℃](左)と放熱量 [W/m²](右)

4. 人体周辺上昇流を利用したパーソナル空調の提案

一般的に，人体周辺にはその代謝熱により常に自然対流による上昇流が生じているため，完全混合を前提とした空調方式の空調風では人体を効率よく冷却することができない．そこで，事務作業時には人体直近となる机の前縁より上に向かって給気することで，上昇流の内部に吹出気流を送り，効率良く冷却する方法が考えられる（図10-13左）．この手法による効果をサーマルマネキンを用いた実験により検証した事例を紹介する．

人工気候室内にはオフィスを想定した机と椅子，在室者を模擬するサーマルマネキン，そして試作された机一体型パーソナル空調を設置した（図10-13右）．実験室内はおよそ2.2回/hの換気回数によって換気され，天井面に設置された吹出口より26℃の空気を供給した．

本研究で用いた実験サーマルマネキンは，デンマーク人女性の平均寸法としてPT-Teknik社により製作された．実験時にはマネキンを約1cloの着衣状態での椅座位とし，上半身は鉛直状態，両腕は前方机上へと置く姿勢とした．腹部は完全に吹出口へと密着させ，これによって下方からの人体周辺熱上昇流を遮り，冷風が人体表面と接するように流れることを期待する．皮膚温はComfort modeに従って制御された．

5. 結果 – 等価温度

図10-14に事前に測定したマネキン各部位の皮膚からの総合熱伝達率を示す．総合熱伝達率の測定に際しては人工気候室内を均一温度（19, 22, 24, 27, 30℃の5ケース）とし，パーソナル空調を使用せず，マネキンは本測定時と同じ姿勢，着衣，温度制御とした．その結果，ケースにおける値の差異は大きくなく，すなわち総合熱伝達率の温度依存性は高くなかった．総合熱伝達率は，露出部位である手では比較的高く9.0 W/(m²・K)であり，腰では3.3 W/(m²・K)，全身平均で5.7 W/(m²・K)であった．

図10-15に，各部位の等価温度を示す．パーソナル空調を使用しないケースでは，首の後ろにおける等価温度が高くなっているのに対し，パーソナル空調を使用することで約2℃低下していることがわかる．これは，腹部前面に沿って上昇する吹出気流が顎部によって左右に分かれ，首筋にそって背面に回っていることによると考えられる．実人体においては，首周りの温度低下は放熱を促進するために温冷感の向上に寄与すると考えられる．

6. まとめ

パーソナル空調により形成される不均一環境の評価事例として，数値シミュレーションによるマネキンの部位別皮膚温・放熱量の値と実験による総合熱伝達率・等価温度の値を示した．

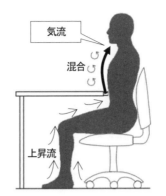

図 10-13　二重吹出気流の概要と実験風景

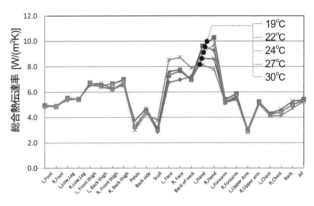

図 10-14　結果 – 各部位の総合熱伝達率

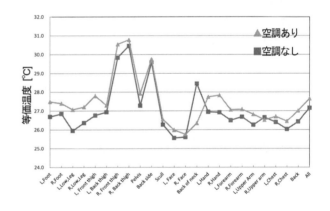

図 10-15　結果 – 各部位の等価温度

【参考文献】
1) 楊霊ら, Fanger, Sakoi：人体熱モデルを用いた椅子座位人体の位置変更に伴う温熱適応効果の比較, 日本建築学会環境系論文集, 第73巻, 第630号, pp.979-984
2) 永野秀明, 加藤信介：二重吹出気流を用いた机設置型パーソナル空調による呼吸空気質改善効果の検討, 日本建築学会環境系論文集, 第75巻, 第651号, pp.441-445
3) Hideaki Nagano, et.al., Control of the free convection flow within the breathing zone by confluent jets for improved performance of personalized ventilation Part 1-Thermal influence, Healthy Buildings 2009, Paper 275, Syracuse, USA

(10) パーソナル空調④
パーソナル冷房時の熱伝達特性の決定と温熱生理状態解析

1. はじめに

人体からの熱移動および熱伝達特性を測定する道具としてサーマルマネキンがある．サーマルマネキンは発熱制御条件を計測者が自由に設定でき，環境温度が均一であれば，対流と放射に伴う局所の総合熱伝達率を決定できる．ただし，環境温度が不均一である場合，環境側の代表温度を定義できず，局所の総合熱伝達率も決定できないため，人体熱モデルと連成した温熱生理状態の解析は困難である．本稿では，不均一温熱環境下での局所に対する代表作用温度，総合熱伝達率をサーマルマネキンを用いて決定し，人体熱モデルへの入力とすることで温熱生理状態を解析する試み[1]を記す．

2. 理論

人体から環境への対流および放射による熱損失量 Q [W/m²]は，式(1)に示すように皮膚と環境の温度差 $(t_s - t_o)$ [℃]に比例し，その比例係数を総合熱伝達率 h [W/(m²·K)]と呼ぶ．

$$Q = h(t_s - t_o) \quad \cdots (1)$$

以下の理論により，不均一温熱環境下での温熱生理状態推定に必要な局所の作用温度 t_o，総合熱伝達率 h をサーマルマネキンを用いて得る．この手法の適用は，全計測を通じて熱環境を一定に維持できることが前提となる．

最初の計測として，サーマルマネキンに t_{s1} の表面温度を与えた計測を行い，その時の放熱量 Q_1 を得る．続いて t_{s2} の表面温度を与え，その時の放熱量 Q_2 を得る．式(1)から総合熱伝達係数 h は，1℃の皮膚温差が放熱量におよぼす影響と言えるので，h を式(2)で与える．

$$h = \frac{Q_1 - Q_2}{t_{s1} - t_{s2}} \quad \cdots (2)$$

また，局所に対する代表作用温度 t_o を，式(2)の h において皮膚温 t_{s1} の時に放熱量 Q_1 を，皮膚温 t_{s2} の時に放熱量が Q_2 をもたらす式(1)の t_o として式(3)で与える．

$$t_o = \frac{t_{s1} \cdot Q_2 - t_{s2} \cdot Q_1}{Q_2 - Q_1} \left(= t_{s1} - \frac{Q_1}{h} = t_{s2} - \frac{Q_2}{h} \right) \quad \cdots (3)$$

t_{s1}, t_{s2} における Q_1, Q_2 を式(2), (3)に代入し，人体各部位の t_o, h を決定，人体熱モデルへの入力とすることで，サーマルマネキンによる計測値から不均一温熱環境下での温熱生理状態を解析する．

3. 実験

実験はデンマーク工科大学の気温と放射温の両方を調整できる人工気候室において行った．人工気候室の気温，相対湿度は 28 ℃，50 %に設定した．

図 10-16 に熱伝達特性および温熱生理状態の解析対象としたパーソナル冷房を示す．(a) 等温気流によるパーソナル換気空調，(b) 卓上扇風機，(c) 人体前方に設置した冷水循環による放射パネル，の 3 つが対象である．(a), (b)のパーソナル換気空調，卓上換気扇の風量は可変であり，(c)の放射冷房はパネル温 17 ℃固定である．(a), (b), (c)の冷却機器はいずれも人体の正面に設置されている．

実験には 23 分割のサーマルマネキンを用いた．サーマルマネキンに与える t_{s1}, t_{s2} はそれぞれ全身 32 ℃，35 ℃一定とした．局所の熱伝達特性は姿勢変化に応じて変わることから，(a), (b), (c)のそれぞれに対して，サーマルマネキン設置後，一切触れず，表面温度のみを変化させ，発熱量が定常となるまで計測を行った．23 分割したサーマルマネキンの測定部位は面積が非常に小さく，周囲の流れの変化によって値が大きく異なってくることから，四肢については左右を統合，頭部と首を統合した図 10-17 ～19 に示す分割に対する作用温度 t_o，総合熱伝達率 h を決定した．

4. 結果

図 10-17～10-19 に，サーマルマネキンにより決定された総合熱伝達係数 h_i，局所に対する作用温度 $t_{o,i}$ を示す．図 10-17, 18 のパーソナル空調，および卓上扇風機使用

(a) パーソナル換気空調

(b) 卓上扇風機

(c) 放射冷房

図 10-16 解析対象とするパーソナル冷房

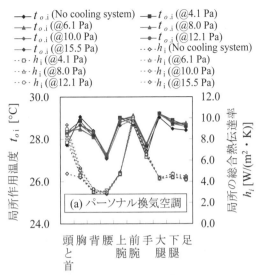

図 10-17　パーソナル換気空調時の $t_{o,i}$ と h_i
※ カッコ内の数値は吹出の為の差圧を表す

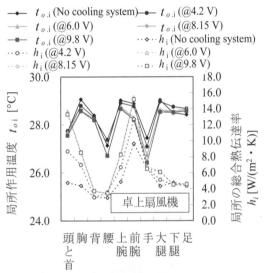

図 10-18　卓上扇風機使用時の $t_{o,i}$ と h_i
※ カッコ内の数値は扇風機の駆動信号(強度)を表す

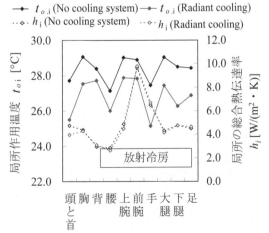

図 10-19　放射冷房使用時の $t_{o,i}$ と h_i

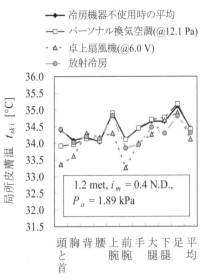

図 10-20　各空調使用時の解析皮膚温分布の例

時には，$t_{o,i}$ は 28 ℃でほぼ一定となり，風が当たっている部分の h_i が大きくなった．等温の風による冷却であることに矛盾しない結果と言える．他方，図 10-19 の放射冷房時には h_i の増加は見られず，$t_{o,i}$ のみが低下した．放射冷房時に静穏な気流が維持されたことを反映する結果である．得られた熱伝達特性（h_i, $t_{o,i}$）を多分割の人体熱モデル[2]への入力として，温熱生理状態を解析した．代謝量としてオフィス作業時の 1.2 met を，また，透湿指数は全身均一に 0.4[3]を設定した．図 10-20 に皮膚温の解析結果を示す．それぞれのパーソナル冷房機器の特性に応じ，皮膚温分布が変化することが読み取れる．

5. おわりに

　環境温度が不均一である場合，環境側の代表温度を定義できず，通常のサーマルマネキンの計測では局所の総合熱伝達率も決定できない．本稿では，環境に再現性がある条件に限られるものの，2 通りの表面温度を設定したサーマルマネキンによる計測から，不均一環境下での局所の総合熱伝達率，局所の作用温度を決定する方法を報告し，対流と放射によるパーソナル冷房使用時に適用した．環境の湿度を一定，透湿指数を一定と仮定したものの，得られた局所の総合熱伝達率，局所の作用温度を人体熱モデルの入力とすれば，これらのパーソナル冷房使用時の温熱生理状態を解析できる可能性を示した．

【参考・引用文献】
1) T. Sakoi, A.K. Melikov, B. Krejčiříková, M. Duszyk : Local operative temperatures and local combined heat transfer coefficients to describe nonuniform thermal environments, Proceedings of 9I3M, ref_46.pdf, 2012.
2) Sakoi T., Tsuzuki K., Kato S., Ooka R., Song D., Zhu SW. A : three-dimensional human thermal model for non-uniform thermal environment. The 6th International Thermal Manikin and Modeling Meeting, pp.77–88, 2006
3) ASHRAE : Physiological principles and thermal comfort, Chapter 8, ASHRAE Handbook of Fundamentals, 2001

(11) 浴室内における人体廻りの温熱環境

1. はじめに

近年の地球環境問題や東日本大震災以降の電力供給不安により、省エネルギー意識が高まっている．住宅のエネルギー消費の1/3を占める給湯分野は、対策が急務であり、改善の余地があると考えられる．日本では入浴の習慣が深く根付いており、給湯エネルギー消費のうち入浴のために使われる割合は大きく、入浴での給湯消費は住戸全体の給湯消費の過半を占める．さらに、我が国の浴室内温熱環境は他の室に比べて劣っていることが多いため、給湯温度を高く設定する傾向となり、給湯エネルギーの増大を招いていると考えらえる．このため、裸体で過ごす洗い場の温熱環境の向上が、給湯エネルギー削減となる可能性が指摘[1]されており、浴室の暖房方式に関心が集まっている．

本稿では、異なる暖房方式が人体の温熱快適性と投入エネルギーに及ぼす影響について検討した事例のなかで、サーマルマネキンを用いた検討[2]を紹介する．

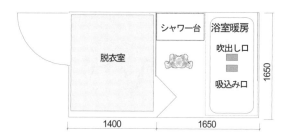

図 11-1 実験室概要

2. 対流式暖房

2.1 実験概要

人工環境試験室内に設置された脱衣室付設の浴室ユニットにおいて測定を実施した．浴室には市販の浴室換気乾燥暖房機（図11-2）が浴槽上部に設置されている．実験条件を表11-1に示す．通常の入浴では、入室30分ほど前から予備暖房として浴室暖房を使用し、入浴時には暖房を停止する場合が多いと考えられるが、設置した浴室は断熱が施されておらず、暖房停止後の温度低下が大きいことから、浴室暖房を常時稼働した状態で実験を実施した．実験では浴室入室直後の洗い場に居る人体を想定して、図11-3に示すようにサーマルマネキンを立位状態で設置し、式(1)で示されるコンフォート制御とし、定常状態において評価を行った．

図 11-2 浴室暖房吹出し(右)・吸込み口(左)

$$t_{s,segment} = 36.4 - 0.054 Q_{segment} \quad \cdots\cdots\cdots(1)$$

なお、図11-3からもわかるように、マネキン頭部にはかつらを装着した．

2.2 実験結果

図11-4にサーマルマネキンの各部位における皮膚表面温度を図11-5に各部位における顕熱損失量を示す．上半身よりも下半身の部位のほうが顕熱損失量が大きく、皮膚表面温度も低い結果となった．頭部はかつらを装着しているため、皮膚表面温度が高く、顕熱損失量は部位別で最も小さくなった．

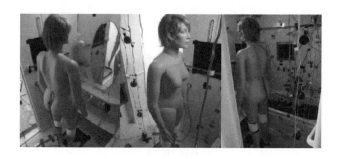

図 11-3 浴室内のサーマルマネキン(立位)

表 11-1 実験条件

暖房方式	マネキン姿勢	外気温度
対流式	立位	7℃
伏流式	座位	5℃

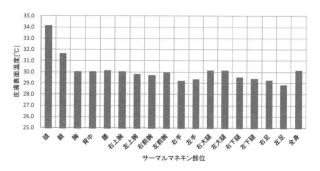

図 11-4 部位別皮膚表面温度(対流式暖房)

3. 伏流式暖房
3.1 実験概要

2.2 で得られた結果を基に，数値サーマルマネキンを用いて対流式暖房の実験状況を再現したところ，顕熱損失量について概ね実験結果を再現できた．計算で得られた顕熱損失量を対流成分と放射成分に分離したところ，放射による熱損失量が大きく，放射熱伝達が支配的であった．このことより，浴室の暖房方式として，放射式暖房を用いた場合について数値サーマルマネキンを用いたCFD解析を実施したが，放射パネルに直接正対する部位とそうでない部位との表面温度差が大きくなった．

そこで，流動する空気を暖めることによって人体廻りの空気温度差を小さく出来るという対流式暖房の利点を活かしながら，放射の影響を向上させることを目的とした伏流吹出し暖房について検討する．図 11-6 に，試作した伏流式暖房の状況を示す．暖房機吹出し部分を塞がないように，吹出し口から 10 mm 離れた位置に 200×300 mm，厚さ 0.5 mm のアルミ板を設置した．

サーマルマネキンは座位とし，外気温度は 5 ℃に設定し，測定を実施した（表 11-1 参照）．

3.2 実験結果

図 11-7 に伏流式暖房におけるサーマルマネキン各部位の顕熱損失量を示す．顕熱損失量は上半身が小さく，下半身が大きい結果となり，対流式暖房と同様の傾向であった．対流式暖房と伏流式暖房ではマネキン姿勢が異なり，外気温度も異なることから，両ケースの比較は困難であるが，伏流式暖房のほうが，上半身と下半身の顕熱損失の差が小さい傾向となった．

4. まとめ

浴室内における人体廻りの温熱環境について，サーマルマネキンを用いた例を示した．入浴時の過渡的な状況や，皮膚表面が高温となると考えられる放射式暖房の評価は難しいが，異なる暖房方式における温熱環境を評価できたと考えられる．

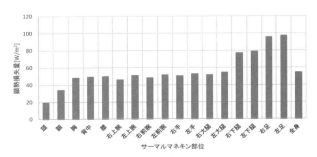

図 11-5　部位別顕熱損失量(対流式暖房)

図 11-6　試作した伏流式暖房

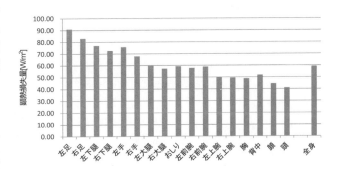

図 11-7　部位別顕熱損失量(伏流式暖房)

【参考文献】
1) 波多野令子ら：水周り空間を中心とした省エネルギー性と快適性に関する研究 (第 3 報) 浴室温熱環境改善による入浴エネルギー消費削減効果の検討, 空気調和・衛生工学会学術講演論文集, 2010
2) 能上真衣, 倉渕隆ら：水まわり空間を中心とした省エネルギー性と快適性に関する研究 (第18報) 入浴時の暖房方式が及ぼす快適性と省エネルギーに関する研究, 日本建築学会大会学術講演梗概集, pp.607-608, D-2, 2012

(12) 車室内環境

1. はじめに

自動車は、人や荷物を運搬する空間を有したもので、空間が自然環境の中を移動するといった特徴をもっている。移動するため安全の確保が必要であり、また自動車を運転するための視界確保は重要な項目である。さらに、移動するための消費エネルギーを少なくするため、車両として軽量化が求められる。

加えて、自動車は一般的な建築物に比べて安全確保の為に窓面積が大きく、軽量化の為に断熱性が劣る特性を持ち、また空間は人が占有する比率が高い。

このような特徴を持つ車室内における温熱環境を評価する規格として2007年国際標準機構（ISO）がISO 14505-1、ISO 14505-2、ISO 14505-3 を制定した[1]。ISO 14505-1 は温熱指標の定義、ISO 14505-2 はサーマルマネキンによる等価温度による評価、ISO 14505-3 は、被験者によるフィーリング評価である。

2. 車室内の温熱環境

車室内の温熱環境は直達日射やドラフトの影響を受け、非定常で不均一な環境である。このため、温熱の4要素である温度、湿度、気流、放射の測定が不可欠である。ここで安全の確保で欠かせない窓に注目してみると、窓際に乗員が座るために夏季には日射の影響を受けて暑く、冬季は冷放射の影響を受けやすい。このことは不均一な環境であることを示している。自動車は移動することで気象変化の影響を受ける。ある時は常に一定の方向から日射を受け、またある時はカーブ等で刻々と日射の方向が変わる。トンネル、雲等により日射の強さも変化する。このことから、自動車の室内温熱環境が非定常で不均一な空間であることがわかる。

自動車の一般的な車室内容積は約3 m³程度、この車室内を冷房するのに必要な冷房能力は、4000 W ～ 6000 W である。これに対して標準的な建物の8畳間容積は、約30 m³であり、この空間を冷房するのに必要な冷房能力は、1500 W～3000 W である。車室内の場合は、わずか1/10の狭い空間にもかかわらず、暖房能力が約2倍必要であることから、エネルギー的にも厳しい環境であり、空調システムの省エネルギー化が求められている。

3. サーマルマネキンによる車室内測定事例
3.1 定置試験[2)3)]

図12-1に示すように車両を屋外にて停車させ、アイドル状態でエアコンを運転し、直達日射が直接マネキンに当る状態とそうでない状態について比較を行った。試験中の外気は平均30～32 ℃、全天日射量は平均872 W／m²であった。エアコン運転条件は、フェイスモード、内気循環、フルコールドとし、グリル吹き出し方向は顔面状態で実験を行った。図12-2に車室内の直達日射有り無しでの空気温度の違いを示す。直達日射の有無での車室内空気温度差は見られない。図12-3にサーマルマネキンの熱損失、皮膚温度測定結果から求めた各部位の等価温度を示す。空気温度では左右の違いが計測されていないが、直達日射を受けているとき、右大腿、右手、右腕、右肩の等価温度が左よりも高くなっている。このことは、直達日射の影響を明確に示している。左肩の等価温度が他の部位よりも低くなっているが、これは吹き出し気流の影響である。フロントパネルからの冷風により左肩の熱損失が高くなったためである。全身等価温度の差は、直達日射を受ける場合と受けない場合で 5℃程度あり、乗員は直達日射による温冷感の違いを認識できる。

図 12-1 トラック日射試験風景

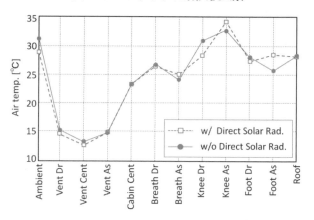

図 12-2 空気温度比較

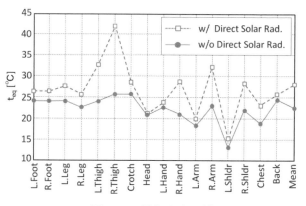

図 12-3 等価温度比較

3.2 走行試験[4]

等価温度の概念は、サーマルマネキン自体の熱容量や温度追随性、実人体の非定常温冷感との対応などから非定常環境には適用できない。しかし、どのような環境であれ等価温度の定義式に従えば時々刻々の値を算出することは可能であり、その値は温熱環境の非定常性とは無関係ではない。そこで、サーマルマネキンを用いて日射の当たる方向が時々刻々変化する車室内環境において等価温度を算出した事例を以下に示す。

走行試験コースを図12-4に示す。札幌市郊外のほぼ正方形の一般道である。このコースを1回の実験当たり3周して、データを収集した。信号機は少なく、1周約20分の走行時間であった。AM実験時の平均外気温-5.1℃、平均日射量543 W/m²、PM実験時の平均外気温-4.6℃、平均日射量429 W/m²であった。

サーマルマネキンによる全身の等価温度の計測結果を図12-5に示す。全身に対する等価温度の変化をみると、走行中の日射の変化を忠実に反映しているのが判る。また、AM実験、PM実験による温度差は殆ど見られない。

4. サーマルマネキンによる実人体温冷感推定法[5]

サーマルマネキンを皮膚表面温度一定条件で用いた場合、その皮膚表面温度t_sやそのときの放熱量Qは実人体の値とは必ずしも一致しない。そのとき、実人体の温冷感によく対応するとされる新標準有効温度 SET*を推定する手法を片岡らが提案している。

まず、作用温度t_oの実環境において内部発熱方式のサーマルマネキンを用いて以下3条件の測定を行い、測定値t_{sm}及びQ_mを得る。なお、添字のmはサーマルマネキンの値であることを示す。

$Q_m' = h \cdot (t_{sm}' - t_o)$ ……………(1) (裸体時1)

$Q_m'' = h \cdot (t_{sm}'' - t_o)$ ……………(2) (裸体時2)

$Q_m''' = F_{cl} \cdot h \cdot (t_{sm}''' - t_o)$ ……………(3) (着衣時)

この結果より、熱伝達率hと着衣伝熱効率F_{cl}が求まる。一方、サーマルマネキンが等しい放熱量を生じるような標準環境（添字 S で表す）作用温度t_{omS}におけるサーマルマネキンの熱収支は以下の式 (4) で表される。

$Q_m = F_{clS} \cdot h_S \cdot (t_{sm} - t_{omS})$ ……………(4)

これから、実人体の標準環境の作用温度t_{oS}を求めるために、人体とサーマルマネキンの皮膚温度の違いによる差を、人体とサーマルマネキンそれぞれの表面での熱平衡式から導かれる次の式で補正した。

$t_{oS} = t_{omS} + \left(\dfrac{h \cdot F_{cl}}{h_S \cdot F_{clS}} - 1 \right)(t_{sm} - t_S)$ ……………(5)

以上より得られたh、F_{cl}、t_{oS}を人体熱モデルへの入力とし、SET*を算出した結果、被験者実験により得られた温冷感申告とよい一致を見た。

この事例のように、サーマルマネキンを用いた測定において表面温度や放熱量が実人体とは異なってしまう場合、等しい放熱量を生じる標準環境の温度（この事例ではSET*）もまたその値に依存してしまう。したがって、サーマルマネキンの温度制御法によって等価温度の値も変化してしまうことに留意する必要がある。

図 12-4　試験コース

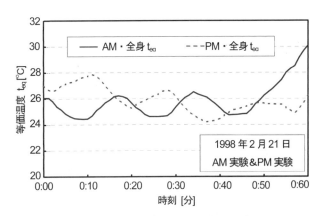

図 12-5　全身等価温度の時系列変化

5. まとめ

車室内の温熱環境を評価する際には、空気温度だけでなくサーマルマネキンによる等価温度等で評価することで環境の不均一性を考慮した評価が可能となり、省エネな空調システムの開発に貢献することができる。今後、ISO14505 の温熱指標の有効利用が進むことで更に省エネで快適な空調システムの開発が進むことが期待される。

【参考文献】
1) ISO-14505 : Ergonomics of the Thermal Environment - Thermal Environment in Vehicles (Part 1-3), 2007
2) Kazuhiko Matsunaga, Fujio Sudo, Shin-ichi Tanabe, Thomas Lund Madsen : Evaluation and Measurement of Thermal Comfort in The Vehicles with a New Thermal Manikin　SAE Technical Paper Series, vol.102, 931958, pp35～43
3) 松永和彦ら：皮膚温度可変型サーマルマネキンによる車室内温熱環境評価法, 自動車技術会論文集　vol25 (3), pp.104-109, 1994
4) 松永和彦, 持田徹：放射パネルによって形成された車室内環境と熱的快適性, 自動車技術会, 学術講演前刷集, 151, 9933358
5) 片岡拓也ら：サーマルマネキン-SET*法による車室内温感評価、自動車技術会論文集　vol.26 (4), pp.97-102, 1995

(13) 寝床環境①
低温環境下での睡眠時の行動的体温調節

1. はじめに
本稿では，良好な睡眠が得られたと看做された空気温度と放射温度が 3 ℃, 10 ℃, 17 ℃ の環境下での実測直腸温と実測皮膚温 [1] を，同一環境下においてサーマルマネキンを用いて計測された熱伝達特性と環境条件を人体熱モデルの入力として再現する試み [2,3] を記述する．

2. 解析方法
サーマルマネキンから得られる熱伝達特性と環境条件を人体熱モデル [4] へ入力して時々刻々の直腸温度と平均皮膚温度を計算し，実測直腸温と実測平均皮膚温 [1] と比較する．

この研究は 3～17 ℃ の低温環境を対象とすることから，体温調節としての発汗はなく，また放熱のための血管拡張はないと扱う．なお，血管収縮反応と睡眠時の代謝量の変化については人体熱モデルに複数のパターンを設定して解析を行った．設定パターンを記述の上，結果を記載する．人体熱モデルの基礎皮膚血流量として 7.5 l/m²hr を，睡眠時の最低代謝量として 40～50 代男性の基礎代謝量相当値 0.7 met (1 met = 58.2 W/m²) を設定した．

就寝前の活動は椅座安静 (1 met) であり，下着とパジャマ（約 0.9 clo の基礎熱抵抗）を着ていた．就寝前の環境は，18 ℃（均一），静穏気流，相対湿度 50 % であった．この条件下での定常解析で得られた体温分布を，睡眠の初期条件として与えた．

就寝中は上述の下着とパジャマに加えて敷き布団，掛け布団，毛布，枕を用いた．3 ℃, 10 ℃, 17 ℃（均一），静穏気流の人工気候室における，サーマルマネキンの放熱量と皮膚温の測定値から各部位の皮膚と環境間の全顕熱抵抗を求めた（図 13-1）．解析では時々刻々の布団への蓄熱，湿気容量に伴う非定常性，布団の吸放湿に伴う吸放熱の影響は考慮しない．相対湿度は 50 % とした．

3. 解析結果
3 ℃, 10 ℃, 17 ℃ の環境ごとの直腸温の変化を図 13-2 に示す．図 13-2 は，就寝直後に血管収縮が完全になくなって皮膚血流量は基礎血流量に戻り，また，代謝量も就寝とともに基礎代謝量となった場合の解析結果である．血管拡張がない条件下では，最も深部温が低下するケースの結果と言える．実測の直腸温は全体として時間の経過とともに低下する傾向になるのに対して，いずれのパターンの解析直腸温も，全体として上昇した．また，実測平均皮膚温はほぼ一定となるのに対して，解析平均皮膚温は時間の経過とともに上昇する傾向にあり，実測値の傾向を解析で再現できなかった．

4. 考察
産熱と放熱の結果として，人体組織の温度は形成される．解析において，産熱が過大であったか，放熱が過小であったかを考える．解析では，睡眠時の産熱量として 40～50 歳代男性の基礎代謝量を与えたパターンでも全身の温度が実験結果と比べて大きく上昇した．睡眠時の産熱が，40～50 歳代男性の基礎代謝量よりさらに低くなることは考え難い．消去法から放熱が過小であったと言える．

寝具の保温性は，サーマルマネキンを用いて測定される [5]．本研究の解析でも，人体・環境間の熱伝達特性として，顕熱の定常測定を前提とするサーマルマネキンからの値を与えた．ただし，動きにより寝具内が換気される人体と，動きがなく寝具内の換気がないマネキンでは

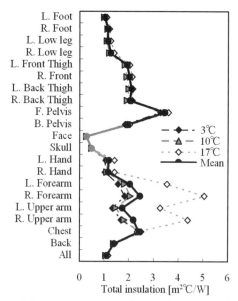

図 13-1 サーマルマネキンを用いて測定された睡眠時の全熱抵抗 [3]

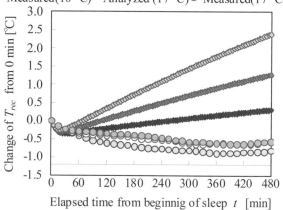

図 13-2 解析直腸温と実測直腸温の変化

周辺の微気候が異なっていると考えられ，人体周囲のものの方が環境の気温に近くなる．静止サーマルマネキンを用いて計測された寝具の保温性は，その環境下で人体が得ることが出来る寝具の保温性の最大値であり，実際の人体では，着衣の場合と同様に動きによって寝具の保温性が低下すると見なされる．これは，着衣の全熱抵抗が，動きによって全熱抵抗が低下するとした Havenith and Nilsson[6]とも一致する．

サーマルマネキンを用いて計測された寝具の保温性が，実人体と比べてどの程度に過大評価されているかを，実測直腸温の変化傾向とほぼ一致する解析結果をもたらす皮膚・環境間の全熱抵抗を探査することを通じて推定した．特に頭と顔以外の，寝具で覆われている部位において，動きに伴う部位周囲の微気候変化が大きく，全熱抵抗の減少が大きいと考えられるので，寝具で覆われている部位の全熱抵抗に関して，サーマルマネキンを用いて得られた値に対する補正係数 η を探査した．補正係数 η の傾向を得ることを目的として，寝具に被覆される部位に同一の η を与えた．図 13-3〜5 に η の探査過程で得た解析結果を掲げる．なお，図 13-3〜5 は，就寝後 30 分間かけて，皮膚血流量と代謝量が徐々に基礎血流量，基礎代謝量に近づき，また，起床前 120 分かけて代謝量が 0.85 met に向け徐々に増加するとした解析結果である．実測直腸温の変化とほぼ一致する解析結果をもたらす η は，3 ℃条件では 0.71，10 ℃条件では 0.58，17 ℃条件では 0.39 となり，環境温度の上昇に従い，寝具の保温効果が低下した．

5．おわりに

静止状態のサーマルマネキンを用いて測定される布団の保温性は，その環境下およびその布団より得られる保温性の最大値であり，動きのある人体に対する布団の保温性はそれより小さい．その結果，睡眠時の人体の熱収支を考える上で，静止サーマルマネキンによる布団の保温性測定値はそのまま使用できない．就寝中，人が動きによって寝具の保温効果を調節していることが示唆された．

【参考・引用文献】
1) 都築和代，日本建築学会学術講演梗概集(環境系II)，pp.415-416, 2007
2) T. Sakoi, K. Tsuzuki : Behavioral thermoregulation during human sleep deduced from heat transfer analysis, Proceedings of INDOOR AIR 2011, a246, 2011
3) 佐古井智紀，都築和代：日本建築学会学術講演梗概集(環境系II)，pp.101-102, 2011
4) T. Sakoi et al. : Proceedings of the Third International Conference on Human-Environment System, pp.337-342, 2005
5) ASTM : F1720 Standard test method for measuring thermal insulation of sleeping bags using a heated manikin, 2006
6) G. Havenith H.O. Nilsson : Eur J. Appl Physiol 92, pp. 636-640, 2004

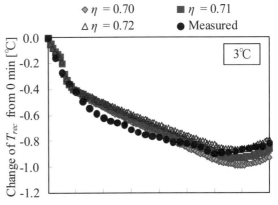

図 13-3　η の探査過程における解析直腸温(3 ℃)

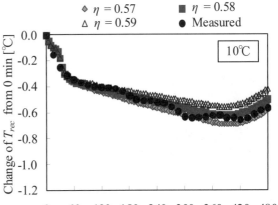

図 13-4　η の探査過程における解析直腸温(10 ℃)

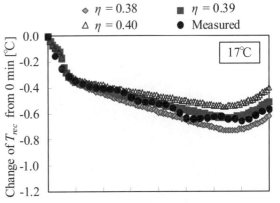

図 13-5　η の探査過程における解析直腸温(17 ℃)

(13) 寝床環境②
模擬病室における天井放射暖房・各種暖房器具の快適性評価事例

1. はじめに

病室における温熱環境は患者と医療スタッフの快適性や治療効果の促進にとって重要である．しかし，体調や活動量等の違いから患者と医療スタッフの求める室内温熱環境は異なるといわれており[1),2),3)]，一様な温熱環境を提供する従来の空調設備では双方が快適な温熱環境を提供することは難しい．本報では，病室における天井放射暖房及び各種暖房器具の効果を検証することを目的としたサーマルマネキンによる快適性評価実験を紹介する．

2. 実験方法

デンマーク工科大学内の人工気候室内に，天井放射パネルをとりつけるためメタルフレームで内壁枠を作り膜フィルムで壁面部分を覆うことで，模擬病室を作成した．人工気候室内は上向きピストンフロー換気を行っており，室内の気流速度は 0.07 m/s 以下に保たれていた．天井放射パネルは 2 m×0.8 m のパネルを 4 枚組み合わせて作成した．実験中は，パネル内に温水を流すことで天井放射暖房とした．47.9～48.6 ℃の温水を常時供給した．

図 13-6 に本実験で使用したサーマルマネキンを示す．身長 1.7 m の女性を模擬したサーマルマネキンを 2 体用い，それぞれベッド上臥位状態の患者とベッド脇に立位状態の医療スタッフを模擬した．患者を模擬したサーマルマネキンは 23 部位から成っており，個別に制御される．医療スタッフを模擬したサーマルマネキンは 17 部位から成っており個別制御される．各温熱環境下での各部位および全身の顕熱損失量と皮膚温の測定が可能である．

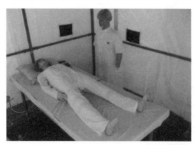

図 13-6　サーマルマネキン・実験風景

本実験では医療スタッフ対象の基準条件（RC1），患者を対象とした基準条件（RC2）を設定し，それぞれの快適環境と定義した．両条件とも相対湿度 50 %，気流速度 0.1 m/s とした．RC1 では，空気温度＝MRT＝20 ℃，クロ値 1.0 clo，代謝量 1.7 met，PMV +0.4 と設定した．RC2 では，空気温度＝MRT＝24 ℃，クロ値 2.0 clo，代謝量 0.82 met，PMV +0.5 とした．着衣および枕・布団等のベッド周り備品は，デンマークの病院から通常使用しているものを借用した．着衣は，患者は長袖長ズボンのパジャマに布団をかけた状態，医療スタッフは半袖長ズボンの着衣に白衣を着た状態とした．

表 13-1　実験条件

	Experimental Conditions	Air temp. (Ta) [℃]	Relative Humidity [%RH]	Clothing Doctor	Clothing Patient	Local thermal comfort methods for Patient
convective air condithioning & local heating	RC1 (Comfort for staff)	20	50	usual	usual	CB
	RC2 (Comfort for patient)	24	50	usual	usual	CB
	Naked_18	18	50	naked	naked	
	Naked_20	20	50	naked	naked	
	Naked_24	24	50	naked	naked	
	only clothes_18	18	50	usual	usual	
	only clothes_20	20	50	usual	usual	
	Case 1	18	50	usual	usual	CB
	Case 2	20	50	usual	usual	2CB
	Case 3	20	50	usual	usual	EB
	Case 4	20	50	usual	usual	CB&EM
Radiant ceiling panel & local heating	Naked_18_RadH	18	50	naked	naked	
	only clothes_18_RadH	18	50	usual	usual	
	Case 5	18	50	usual	usual	CB
	Case 6	18	50	usual	usual	2CB
	Case 7	18	50	usual	usual	EB
	Case 8	18	50	usual	usual	CB & EM

各個別暖房器具および天井放射暖房の効果を検証するため，従来の対流式の空調と天井放射暖房時に複数の個別暖房器具を組み合わせた．表 13-1 に実験条件を示す．

個別暖房器具として，以下の物を使用した．

① 通常布団（Conventional Blanket：CB）　デンマークの病院から通常使用している布団を借用した．1 枚（CB）または 2 枚重ね（2CB）で用いた．

② 電気毛布（Electric Blanket：EB）　電気かけしき毛布を，かけモードで身体の上にかけて使用した．強度は弱・1～6・強の 8 段階であり，サーマルマネキンの熱損失量が最も基準条件に近づいた強度の結果を用いた．

③ 電気敷きマット（Electric Mattress：EM）制御は上下で 2 分割されており，各 3 段階（Low, Middle, High）で強度を調整できる．対流式空調時は上部 Low・下部 High で用い，天井放射暖房時は上部下部ともに Low で用いた．実験条件の CB & EM は身体の下に EM を敷き，身体の上に CB をかけた状態である．

3. サーマルマネキン測定による温熱環境の評価

ここでは，CACC は対流空調時，Rad H が天井放射暖房時の結果を示す．RC は基準条件を示す．クロ値は，患者マネキンが CB をかけた状態で 2.6 clo，医療スタッフマネキンにおいては 1.0 clo であった．

様々な個別暖房器具や天井放射暖房を用いた際の効果を基準条件との等価温度の差により評価した．基準条件における等価温度は，医療スタッフで 20.5 ℃，患者で 24.3 ℃であった．以下の式により Δt_{eq} を算出した．

$\Delta t_{eq} = t_{eq} - 24.3$（患者）/ $\Delta t_{eq} = t_{eq} - 20.5$（医療スタッフ）

医療スタッフマネキンの測定値から算出した Δt_{eq} は，全ての体部位において CACC では $|\Delta t_{eq}| \leq 0.5$ K，Rad H では $\Delta t_{eq} \leq 2.0$ K であった．Whole body の等価温度に関しては，CACC では $|\Delta t_{eq}| \leq 0.1$ K，Rad H では -0.8 K $\leq \Delta t_{eq} \leq -0.6$ K であり，基準条件と同程度の等価温度の場合を快適と定義すると，全ての実験条件において医療スタッフは快適な状態を達成していたとみなせた．

図 13-7，13-8 にそれぞれ患者マネキンの測定値から算出した CACC，Rad H における Δt_{eq} を示す．Whole body

のΔt_{eq}を判断基準とすると, EB 条件は CACC および Rad H 双方において最も基準条件に近く, CB&EM 条件も CACC および Rad H 双方において基準条件と非常に近い値を示しており, 患者にとって快適な温熱環境を達成していた. しかし, CB&EM 条件に関しては Low Legs や Back side において高い値を示しており, 局所的な不快感が生じる可能性がある. 布団に覆われていない Crown, Face, Back of neck は, 環境温度の低下に伴って等価温度も低くなっていた. 環境温度を医療スタッフの快適温度に設定した場合, 個別暖房器具の使用によって患者は基準条件と同等の温熱環境を得られることが示されたが, 一部の電気式の暖房器具では温熱環境の不均一を生む結果となった.

CB や 2CB 条件では電気式の暖房器具に比べ, 暖房効果は小さいが, より均一な環境が得られた. 特に, Rad H の 2CB 条件では基準条件に非常に近い全身等価温度が得られた. 布団の 2 枚重ね (2CB) に加え, 靴下やカーディガンを着用した場合, Feet や Arms など等価温度が基準条件よりも低くなっている部分もより基準条件に近づき, 最適な個別暖房方法となると考えられる. しかし, 1 枚目の布団をかけたときに比べ, 2 枚目の布団を加えた場合の熱損失量への影響は小さかった. 1 枚目の布団をかけたときは等価温度は 9.8 ℃上昇するのに対し, 2 枚目の布団を加えた場合は 1.4 ℃の上昇に留まった.

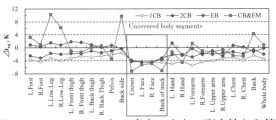

図 13-7　CACC のΔt_{eq}（患者マネキン測定値から算出）

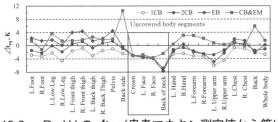

図 13-8　Rad H のΔt_{eq}（患者マネキン測定値から算出）

図 13-9, 13-10 にそれぞれ臥位状態の患者, 立位状態の医療スタッフへの天井放射暖房の効果を示す. 等しい設定温度における天井放射暖房使用時の等価温度から天井放射暖房不使用時 (対流空調時) の等価温度を差し引いた差分Δt_{eq}を天井放射暖房の効果とした.

臥位状態の患者への天井放射暖房の効果に関して, Whole body のΔt_{eq}は, 着衣状態で布団を一枚かけた場合 3.2 K であった. Whole body のΔt_{eq}は, 着衣によって 2.2 K 小さくなり, 布団によって 1.8 K 小さくなった. 着衣状態で布団を一枚かけた場合の Whole body のΔt_{eq}は, 裸体時に比べ 4 K 下がっていた. 各部位のΔt_{eq}をみても, 裸体時のΔt_{eq}に比べ, 着衣や布団に覆われない部分のΔt_{eq}はほぼ同等であるのに対し, 着衣の被覆部分や布団に覆われた部分のΔt_{eq}は急激に小さくなった.

立位状態の医療スタッフへの天井放射暖房の効果に関しては, Whole body のΔt_{eq}は, 着衣状態において 1.4 K であった. 着衣時の被覆部分のΔt_{eq}は, 裸体時のΔt_{eq}に比べ小さくなっていた. 着衣状態の Whole body のΔt_{eq}は, 裸体時に比べ 1 K 下がっていた.

天井放射暖房効果を患者と医療スタッフ間で比較すると, 着衣や布団によって天井放射暖房の効果は小さくなるが, 布団をかけた状態でも臥位状態の患者への効果の方は立位の医療スタッフより 1.8 K 分大きかった.

以上より, 等空気温度条件において天井放射暖房を用いた場合, 医療スタッフに比べ患者は高い等価温度環境を得られるため, 患者と医療スタッフが同一室内に滞在する際に天井放射暖房は双方に快適な温熱環境を提供する手段として期待できる. 天井放射暖房を用いた場合は天井と床の放射不均一性が推奨値より大きくなったが, 上下空気温度分布は ASHRAE 55-2010 推奨範囲内に収まっていた. 天井放射暖房を用いた際の快適性に関してはさらなる調査が必要と考えられる.

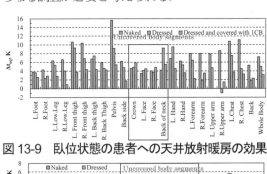

図 13-9　臥位状態の患者への天井放射暖房の効果

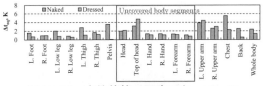

図 13-10　立位状態の医療スタッフへの
天井放射暖房の効果

4. まとめ

病室における天井放射暖房及び各種暖房器具の効果を検証することを目的として行ったサーマルマネキンによる快適性評価実験を紹介した.

【参考文献】
1) J. Skoog et al. : Thermal environment in Swedish hospitals Summer and winter measurements, Energy and Buildings, 37, pp.872–877, 2005
2) N. Hashiguchi, et al. : Thermal Environment and Subjective Responses of Patients and Staff in a Hospital during Winter, J. of Physiological Anthropology and Applied Human Science, 24, pp.111–115, 2005
3) J. Khodakarami et al. : Measured Thermal Comfort Conditions in Iranian Hospitals for Patients and Staff, Proc. of Clima 2007, 2007
4) 川上ら：次世代型エコホスピタルに関する研究 (第 2 報), 空気調和・衛生工学会大会学術講演論文集, pp. 497-500, 2011

(14) 潜熱蓄冷材を用いた冷却衣服の評価

1. はじめに

通信機械室など，通常は無人で主に機械のみが作動している室内では，その冷房設定温度を高くし空調運転効率を向上させることで，省エネルギーを図ることが出来る．しかし，機械保守のために作業者が入室する際には室内が中程度の高温環境となる場合があるため，労働環境としては好ましくない．

通信機械室内では，安全性の確保と粉塵を防ぐために長袖の作業服を着用する必要があるため，室内が高温となっても着衣量を減少させることによる調節が難しい．人間に最も近い外部環境である衣服に冷却機能を持たせることにより個別に高温作業環境対策を行うことができれば，通信機械室内全体の空調に費やすエネルギーを抑制することが可能であり，省エネルギー的な効果も期待できる．

このような背景から，通信機械室内での使用を対象とした冷却衣服を試作し，中程度の熱ストレス下における熱的快適性評価をサーマルマネキン実験および被験者実験により行った研究[1]を紹介する．

2. 冷却衣服
2.1 作成した冷却衣服

ベスト型の衣服に潜熱蓄冷材および断熱容器からなる冷却パックを挿入し，胸および背中を冷却する構造の冷却ベスト（Comfort Vest II）を作成した（図14-1）．

冷却パックは断熱容器および潜熱蓄冷材からなる．断熱容器は，結露水吸収用のネル地，結露水漏曳防止用のビニルシートおよび放射よけのためのアルミ付き梱包材からなる．潜熱蓄冷材そのものに生じる結露水よりも，冷却パックと人体との間で生じる結露水の方が多いため，冷却パックの作成にあたっては，人体との接触部にて水分を吸収しやすい素材を使用することにより，結露水を効果的に吸収する構造とした．表14-1に冷却ベスト衣服部の素材の諸元を示す．図14-2に冷却パックの配置を示す．潜熱蓄冷材（融点温度−1 ℃，融解潜熱80 kcal/kg）は，胸に120 g /個のものを6個，背中に100 g /個のものを10個配置した．冷却面積は胸部で約 $5.7×10^{-2} m^2$，背部で $7.7×10^{-2} m^2$ だった．冷却ベスト全体の重量は，2,295 g だった．

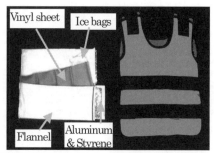

図14-1 冷却ベスト（Comfort Vest II）

表14-1 衣服部の素材の諸元

素材	吸水性[*1] (mm)		通気性[*2] ($cm^3/cm^2/s$)	乾燥性[*3] (min)	透湿性[*4] ($g/m^2/h$)
	縦	横			
ポリエステル 100%	126	96	173.9	120	304

[*1] JIS L 1096 6.26.1 B[2]，[*2] JIS L 1096 6.27.1 A[2]
[*3] JIS L 1096 6.25.1 A.(試料 20×20cm 30 分純水に浸漬後，15秒間遠心脱水機で処理し，ライン乾燥で所定時間後毎に重量を測定)[2]，[*4] JIS L 1099 A−1[3]

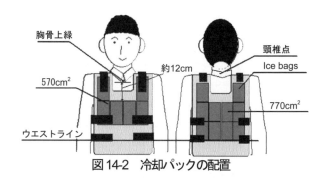

図14-2 冷却パックの配置

2.2 サーマルマネキンを用いた冷却能力測定

冷却衣服では，衣服内にアイスバックを挿入し熱を奪うため，通常の衣服のように，顕熱抵抗値のみでは評価を行うことができない．冷却衣服による冷却熱量を算出する必要がある．冷却衣服着用時の冷却状況を把握するためには，複雑な人体形状を考慮したサーマルマネキンによる測定が有効である．そこで，サーマルマネキンを用い，冷却衣服着用時の体の各部位における皮膚温および熱損失量を測定し，その冷却能力を評価した．

作業着を着用させたサーマルマネキンが熱的定常状態に達したことを確認後，冷却衣服を着用させ，30分後に測定を行った．図14-3に冷却量算出方法の模式図を示す．

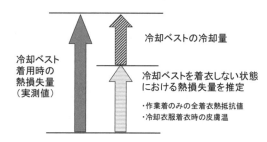

図14-3 冷却量算出方法

まず，冷却衣服を着衣していない作業着のみの全着衣熱抵抗値を用いて，冷却衣服着衣時の皮膚表面温度における熱損失量を推定した．次に，推定した熱損失量と冷却衣服着用時の実際の熱損失量との差を，冷却衣服の冷却量（単位：W/m^2）として算出した．

図 14-4 に算出した冷却衣服の冷却量を示す。測定環境の作用温度が 24 ℃から 30 ℃の時，Back および Chest の冷却量は約 33 W/m² であった。また，冷却部位に隣接している Pelvis では約 11 W/m² であった。冷却量が負の値になっている部分についてはマネキンの着衣の仕方による測定誤差であると考えられる。なお，冷却衣服のように冷却部と皮膚表面間の熱移動が大きい場合は，サーマルマネキンの計測結果をそのまま使用できるのか，さらなる議論が必要である。

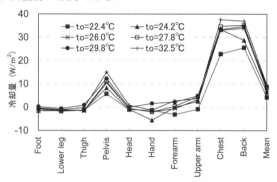

図 14-4　冷却衣服の冷却量

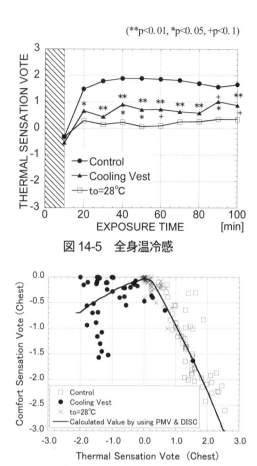

図 14-5　全身温冷感

図 14-6　胸部の局所温冷感と局所快不快感

3. 被験者実験による評価
3.1 被験者実験目的および方法

冷却衣服の効果及び人体を局所的に冷却することによる不快感の評価を行うことを目的とし，大学生年齢の男性 6 名を対象とし，被験者実験を行った。人工気候室は，高温作業環境を想定し作用温度 33 ℃，相対湿度 40 %，静穏気流に制御し，冷却ベストの有無による比較を行った。以後，冷却ベストを着用しない条件を[Control]，着用する条件を[Cooling vest]と記す。また，作用温度 28.5 ℃において作業着のみを着用する条件[t_o=28℃]を加え，比較対象とした。冷却衣服は 0.88 clo の作業着の上から着用した。

3.2 被験者実験結果

冷却ベストの着用により，温冷感及び快不快感は非着用時に比べて有意に熱的中立状態に近づき，その冷却効果は作用温度換算で約 3 ℃であった（図 14-5）。全身発汗量，皮膚面における潜熱損失量及び皮膚ぬれ率については冷却ベストの有無による有意な差が認められなかった。発汗感覚は冷却ベストの着用により有意に低下した。

冷却ベスト着用時の全身温冷感と全身快不快感は，非着用時における代謝量 1.4 met，着衣量 0.88 clo の条件における PMV（予想平均温冷感申告）[4]と DISC（予測熱的不快感）[5]を用いた予測値と一致した。

図 14-6 に胸部の局所温冷感と局所快不快感の関係を示す。冷却部位の局所温冷感が-1（やや涼しい）より低くなると，局所快不快感は予測値よりもより不快側に分布した。全身温冷感を効率よく低下させるとともに，過度な冷却を行わないようにすることが重要であることが明らかとなった。

【参考文献】
1) Nishihara, N., Tanabe, S., Hayama, H., and Komatsu, M. : Thermal Comfort Conditions by Wearing a Cooling Vest, Journal of Home Economics of Japan, Vol. 52, No. 12, pp. 1199-1207, 2001
2) JIS L 1096，一般織物試験方法，1990
3) JIS L 1099，繊維製品の透湿度試験方法，1993
4) ISO 7730, Moderate thermal environments - Determination of the PMV and PPD indices and specification of the conditions for thermal comfort. International Organization for Standardization, 2005
5) Doherty, T., and E. Arens : Evaluation of the physiological bases of thermal comfort models. ASHRAE Transactions 94(1): pp.1371-1385, 1988

(15) 水の蒸発を利用した冷却衣服の評価

1. はじめに

佐古井ら[1]は、図15-1に示す機構の冷却衣服を作成した。外部のボトルから衣服外表面へ水を供給、同時に扇風機で衣服外表面の対流を促進することで、衣服外表面において蒸発冷却を得る衣服である。

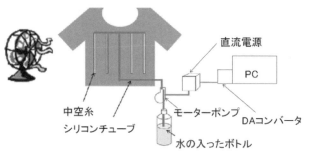

図15-1 水の蒸発を利用した冷却衣服

本稿では、サーマルマネキンを用い、開発した冷却衣服の冷却力を測定する[2]。

2. 実験方法

人工気候室内で擬似的に作成した執務環境にサーマルマネキンを配置し、椅子に着座させた。サーマルマネキンには一般的な夏服を想定した半袖Tシャツ、ズボン、下着、靴下、靴を着させた。立位のサーマルマネキンで測定した着衣の有効熱抵抗は 0.55 clo である。人工気候室の設定環境は 29 ℃・50 %RH とした。実験条件は5条件、比較用の、いずれの冷却機器を作動させない条件、および小型のUSBファン（以後、USBFと記述）、半袖空調服、USBF+冷却衣服、空調服+冷却衣服のいずれかを使用した条件である。USBF+冷却衣服条件の実験風景を図15-2に示す。USBF+冷却衣服条件での冷却部位は、胸、上腕前、襟後である。空調服+冷却衣服条件での冷却部位は、胸、上腕前、襟後に加えて背中、上腕後である。両冷却衣服使用条件での水分供給モータの作動設定を表15-1に示す。

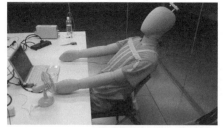

図15-2 USBF+冷却衣服条件の実験風景

表15-1 冷却衣服のモータポンプ作動設定

	モータポンプ作動時間 [秒/分]
USBF+冷却衣服	1
空調服+冷却衣服	3

実験に用いたサーマルマネキンはニッケル線による表面発熱の仕様で、頭部、胸襟元、背中襟元、胸部前、背中、腰部前、腰部後、右上腕部、右前腕部、右手先、左上腕部、左前腕部、左手先、右大腿部、右下腿部、右足先部、左大腿部、左下腿部、左足先部の19部位に分割されている。各部位ごとに独立した発熱制御が可能であり、定温度制御、定電力制御を行うことができる。また、肩、腕、股、膝に可動の関節を持ち、立姿勢や座姿勢も可能である。

計測期間は1条件あたり8時間とした。皮膚温の違いが冷却力に影響を与えないかを確認するため、31 ℃、33 ℃、35 ℃それぞれの皮膚温時の発熱量を計測し比較した。3つの皮膚温 31 ℃、33 ℃、35 ℃での発熱量計測を1セットとし、1セットを24時間で行った。各条件の計測を2セットずつ行い、その平均値を解析対象とした。冷却衣服を24時間連続で駆動させる条件では、水分の出力が時間とともに弱まる傾向が見られたため、31 ℃から上昇させるセットと、35 ℃から低下させるセットを実施した。

3. 実験結果

左右の別がある部位については、左右の平均値を示す。図15-3にどの冷却機器も作動させなかった場合に比べてのUSBFを使用時の放熱の増加量を載せる。頭部や胸襟元、胸部前、上腕部、前腕部で放熱量の増加が見られた。その増加量は皮膚温が高くなるにつれ上昇した。

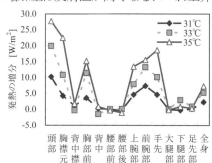

図15-3 USBF使用時の冷却機器不使用時に対する放熱の増分

図15-4にUSBF+冷却衣服使用時のUSBF使用時に対する放熱の増分を示す。冷却部位に設定した背中襟元、胸部前では放熱量が大きく増加したが、その他の部位では放熱量の増加が見られなかった。皮膚温が異なっても放熱量の増加量は一定となった。蒸発量が供給水分量に支配された結果と言える。胸部前および背中襟元では、大幅な放熱量の増加が見られるが、全身では 4 W/m² 程度とわずかである。冷却面積が小さいため、局所的に放熱量が増加しても全身で見るとわずかな効果であった。

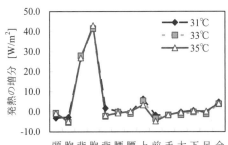

図 15-4　USBF 使用時の冷却機器不使用時に対する放熱の増分

図 15-5 に空調服使用時の冷却機器不使用時に対する放熱の増分を示す．下肢を除く多くの部位での放熱量が増加し，特に背中での放熱量が大きい．空調服で覆われていない頭や前腕，手においても，空調服の開口から流れ出る空気の影響を受けている．

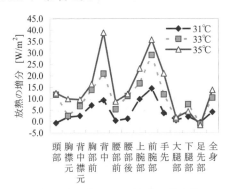

図 15-5　空調服使用時の冷却機器不使用時に対する放熱の増分

図 15-6 に空調服+冷却衣服使用時の空調服使用時に対する放熱の増分を示す．胸部前，背中襟元に加え，腰部や背中での放熱量も大きく増加した．他方，前腕，手において放熱は減少した．冷却衣服の 24 時間連続使用の中で，水の滴りが生じ，冷却部位には設定していなかった腰部が濡れた．その影響から腰部の放熱量が大きくなった．

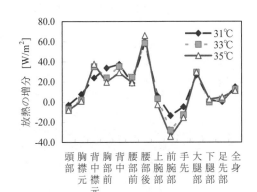

図 15-6　空調服+冷却衣服使用時の空調服使用時に対する放熱の増分

図 15-3〜6 から，それぞれの冷却機構と冷却部位に応じた放熱の変化が見て取れ，機器の冷却力を，放熱の増分として評価できた．今回の実験条件においては，水の蒸発を利用する冷却については，皮膚と環境の温度差によらず，供給水分量により冷却力が決まった．ただし，対流による冷却機器については，計測設定条件である皮膚と環境の温度差により，冷却力が異なる結果となった．

放熱の増分より実感し易い体感温度により冷却機器使用時の環境を表すため，等価温度 $t_{eq,segment}$ を計算した．結果を図 15-7 に示す．冷却機器不使用時のデータより式(1)により $h_{cal,segment}$ を算出し，得られた $h_{cal,segment}$ と冷却機器使用時のデータから式(2)により $t_{eq,segment}$ を決定した．

$$h_{cal,segment} = \frac{Q_{cal,segment}}{t_{scal,segment} - t_o} \quad \cdots (1)$$

$$t_{eq,segment} = t_{s,segment} - \frac{Q_{segment}}{h_{cal,segment}} \quad \cdots (2)$$

ここに，$h_{cal,segment}$, $Q_{cal,segment}$, $t_{scal,segment}$：部位の静穏気流下の総合熱伝達率 [W/(m²·K)]または放熱量 [W/m²]，表面温度 [℃]，t_o：作用温度 [℃]，$t_{eq,segment}$, $t_{s,segment}$, $Q_{segment}$：冷却機器使用時の部位の等価温度 [℃]または表面温度 [℃]，放熱量 [W/m²]．

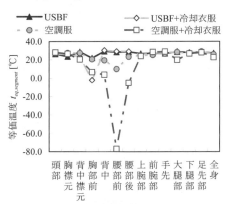

図 15-7　冷却機器使用時の等価温度

決定された $h_{cal,segment}$ は腰部前で 0.27 W/(m²·K)，胸部前で 1.72 W/(m²·K)と非常に小さくなった．腰部前など $h_{cal,segment}$ が小さい部位で $t_{eq,segment}$ が不自然に低くなった．$h_{cal,segment}$ の値が小さい場合計測時の予期しない発熱に $t_{eq,segment}$ が大きく影響されることがわかった．

4. おわりに

冷却衣服および USB ファン，空調服の冷却力を放熱の増分として評価した．冷却衣服に関しては一部の部位で等価温度算出に問題があった．

【参考・引用文献】
1) T.Sakoi, et.al.：Use of clothing for body cooling by evaporation, Proceedings of INDOOR AIR 2011, a428, 2011
2) 富永直斗：水分の蒸発を利用した冷却衣服の開発と効果の実証，平成 26 年度信州大学大学院修士論文

(16) 人体熱モデル①

1. 概要

数値流体力学（CFD）の進展にともなって，室内環境の熱的快適性に関して数値人体モデルを利用して解析しようという取り組みが行われるようになっている．人体の体温調節系モデルの研究は，1940年代初期から1960年代後半までは，主にアナログコンピュータが用いられた．1970年頃に，アナログコンピュータからデジタルコンピュータへと移行し，より詳細で複雑なモデルが提案された．1960年頃から1970年代前半には，Wyndhamらのモデル[1]，Wisslerのモデル[2]，Stolwijkのモデル[3]が提案されている．Gaggeの2 node-model[4]はStolwijkモデルを基礎としている．近年，Smithのモデル[5]が提案されている．Smithのモデルでは，生体内伝熱を有限要素法により解いている．Smithのモデルを発展させたものが，竹森らのモデル[6]で，体温調節において重要性が指摘されている動静脈吻合（AVA）を考慮している．また，Fuモデル[7]はSmithのモデルを改良し，着衣の非定常熱伝達を考慮したものである．カンザス州立大学のJonesは2 node-modelを元に人体を分割したtrans-modモデル[8]を提案し，着衣の非定常熱伝達を取り扱っている．日本では，川島による人体制御モデル研究[9]，横山による生体内熱移動に関する研究[10]が行われている．高田らは2 node-modelを基礎としたモデルを構築し，着衣内に蓄積する水分が人体熱収支に及ぼす影響を検討している[11]．田辺らは人体熱モデル65MN[12]，JOS[13]などを提案し，CFD，放射計算と連成を行っている．佐古井，加藤によりSmithモデルを基礎としたモデルが提案されている．表16-1に既往の代表的な人体モデルの例を示す．

表16-1 数値人体モデルの例

Wissler	1964	人体を15部位に分割している．全ての部位は静脈プール及び動脈プールから構成されている．
Stolwijk, Hardy	1966	人体を3つに円筒状に分割し，モデル化している．頭部及び四肢はコアと皮膚の2層に分割され，体幹部はコア，筋肉及び皮膚の3層に分割されている．すべての層が中央血流プールで互いに連絡している．
Gagge ら	1971 1986	人体を球状にモデル化している．球はコアと皮膚の2層に分割されている．
Stolwijk	1971	人体を6つに分割し，モデル化している．頭部は球状にモデル化され，その他部位は円筒状にモデル化されている．全ての部位はコア，筋肉，脂肪，皮膚の4層に分割され，本モデルは中央血流プールを導入している．
Smith, Fu	1991 1995	人体を15部位に円筒状に分割し，モデル化している．血流系は，血流との熱交換を計算することができる．温度に応じた血流調節ができ，皮膚表面の近くの血管の口径比を変えることにより行う．
Fiala ら	1999	人体を15部位に球状及び円筒状に分割しモデル化している．このモデルは，暑さや寒さから環境を評価するために使用されている人体熱モデルのUTCI（ユニバーサル熱気候指数）の基本的なモデルとすることが検討されている．
Tanabe ら	1999 2001 2002	人体を16部位に分割し，モデル化している．頭部は球状，その他の部位は円筒状の要素としてモデル化されている．すべての部位はコア，筋肉，脂肪，皮膚の4層に分割され，各層は，血管系および中央血液プールに接続されている．65MNから開発されたモデルが提案された．
Huizenga, Hui, Arens	2001	バークレー・モデルは，要素の数をシミュレーションすることができる．各要素は，コア，筋肉，脂肪，皮膚の4層で構成されている．本モデルは，着衣の熱容量や保有水分量を考慮し，着衣層を導入している．
Zhang ら	2010	このモデルは，人体の皮膚温及びコア温の生理的応答から人体部位別に19部位の局所温冷感，局所快適感，全身温冷感及び全身快適感を予測することが出来る．本モデルは，均一，不均一，定常及び非定常状態の環境に対して使用することが出来る．

2. JOS-2

人間の体温調節モデルとしてJOS-2が2013年に公表された．JOS-2モデルはStolwijkモデルを基とし，標準体躯を体表面積1.87 m^2，体重74.43 kgの男性としている．全身は17部位（Head, Neck, Chest, Back, Pelvis, Shoulders, Arms, Hands, Thighs, Legs, Feet）に分割されている．頭部を除く各部位は2層（コア，皮膚）で構成されている．一般的に着衣による熱抵抗のない頭部は，非定常過程での高い応答性が求められるため，4層（コア，頭部第一層，頭部第二層，皮膚）に分割されている．部位間を通る血流は，基点となる中央血流溜まり，動脈，静脈にあたる動脈血液プール，静脈血液プール，表面静脈血液プール，そして組織を介さずに動脈，表面静脈を結ぶ動静脈吻合（以下AVA）血管から構成されている．各血管は，各部位コア層の中心に動・静脈血液プールが，四肢部位皮膚層の中央に表面静脈血液プールが，そして四肢の末端部位であるHands, Feet部にのみAVA血管が配されている．いずれの血管プールにおいても前部位から流入してきた血液は完全混合の後に次の部位へ流出するものとし，動脈血液プールに関してはさらに部位内の各組織への流出も考慮した．四肢部位では外部の温熱環境によって血流経路が変化することが知られており，暑熱環境下においてAVA血管の開大度が変化することで表面静脈プールへ流出する血液量が増大するように再現した．JOS-2では，制御系として血管収縮，血管拡張，発汗，震えなどの体温調節のメカニズムが考えられている．JOS-2モデルをヴェルナーらにより定常条件下で行われた被験者実験結果と比較したところ非常に良い一致が得られている．

【参考文献】
1) C.H.Wyndham, A.R.Atkins：An Approach to the Solution of the Human Biothermal Problem with the Aid of an Analogue Computer, Proceedings of the Third International Conference on Medical Electronics, London, pp.32-38, 1960
2) E.H.Wissler：A Mathematical Model of the Human Thermal System, Bulletin of Mathematical Biophysics, vol.26, pp.147-166, 1964
3) J.A.J.Stolwijk：Mathematical Model of Thermoregulation, Physiological and Behavioral Temperature Regulation, Chapter 48, Charles C. Thomas Pub., pp.703-721, 1970
4) A.P.Gagge, A.P. Fobelets, L.G.Berglund：A Standard Predicted Index of Human Response to the thermal Environment, ASHRAE Transactions, Vol.92, Part 2, pp.709-731, 1986
5) C.E.Smith：A Transient, Three-Dimensional Model of the Human Thermal System, KSU, Dissertation, 1993
6) 竹森利和，中島健，庄司祐子：人体熱モデルの開発（熱的快適性評価のための基本モデル開発），日本機械学会論文集（B編），61巻，584号, pp.1513-1520, 1995
7) G.Fu：A Transient, 3-D Mathematical Thermal Model for the Clothed Human, KSU, Dissertation, 1995
8) B.W.Jones：personal communication
9) 川島美勝（南雲仁一編集）：生体システム，日刊工業新聞社，1971
10) 横山真太郎：生体内熱移動現象，北海道大学図書刊行会，1993
11) 高田暁，鉾井修一：着衣における水分の移動と蓄積を考慮した人体の熱環境に対する非定常応答（その16～19），日本建築学会大会学術講演梗概集（北陸），pp.351-358, 2002.8
12) 田辺新一，中野淳太，小林弘造：温熱環境評価のための65分割体温調節モデルに関する研究，日本建築学会計画系論文報告集，第541号, pp.9-16, 2001.3
13) 田辺新一，佐藤孝広，徐莉：温熱環境評価のための体温調節モデルJOSの開発，空気調和・衛生工学会学術講演会講演論文集，pp.1729-1736, 2002
14) Yutaka Kobayashi, Shin-ichi Tanabe, Development of JOS-2 human thermoregulation model with detailed vascular system, Building and Environment, Vol. 66, pp.1-10, 2013

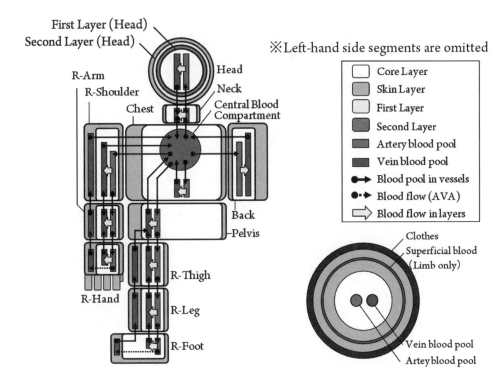

図16-1　JOS-2モデル

(16) 人体熱モデル②

1. はじめに

本稿では，不均一温熱環境評価のための人体熱モデルの例として，佐古井らのモデルを紹介する[1]．このモデルは，(1) 全身の血液に関する質量保存，(2) 体内での3次元温度分布の解析，(3) 高温条件ほど表在静脈を介して戻る血液の割合が大きくなって血流の1方向性が強くなる傾向の再現，(4) 皮下脂肪厚の違いに伴われる断熱性の違いを皮下脂肪厚の設定のみで評価可能，これら4点を同時に満たす点に特色がある．

2. モデル概要

部位周囲の外界条件，部位内での熱産生，皮下脂肪による断熱，血流による体熱の再配分[2]，発汗，ふるえに着目のうえ人体熱モデルを作成する．

3次元人体熱モデルの形状，組成としてSmithモデル[3]を用いた．ただし，温度分布を反映した熱移動計算を行えるように，より微細な要素分割とした．体重75.94 kg，体表面積 $1.837 m^2$ とした．

人体熱モデルには体全体を環流する大循環と肺のみを環流する小循環の2つの循環を組み入れた．図16-2に大循環に関連する1次元血管と3次元血液プール[注1]を示す．単位体積当たりの血流量[注2]に関する知見に見合う精度での体熱の再配分を行う血液循環として，1次元動脈血管と1次元静脈血管ではその軸方向にのみ血液が流れ，3次元動脈血プールと3次元静脈血プールでは，図16-3に示すように1次元動脈・静脈血管の軸に直交する断面内のみ血液が流れるモデルとした．表在静脈が配された部位では，皮膚組織を環流した動脈血が表在静脈へ向かう1方向流となっている．皮膚血流が抑制される低温条件では動脈血と静脈血が対向流となり，皮膚血流量が増加する高温条件では1方向流に近くなる傾向[4]を，皮膚血流量の変化によって再現する．

このモデルでは，血管および血液プールごとに熱伝達係数を設定できる．ただし，実際の血液・組織間の熱移動係数は，血流の速度や血管の径の変動などの状況に応じて変化し，未知な点も多い．そこで，毛細血管などの細い血管では組織と血液の温度が同化し，部位間の熱輸送には寄与せず部位内の組織の熱移動にのみ寄与するとして，相対的に太い血管では組織との熱移動は無視し，部位間の熱輸送のみを担うとして移流のみを扱うとした．具体的には，皮膚および皮下脂肪を除く領域では環流対象の組織[注4]に対する血液の流入出の全てを太い動脈，静脈によって行うとした．AVAなどが存在する頭，手，足，および頭と同一の扱いとした首については，皮膚組織の3次元動脈プール，3次元静脈プールはいずれも太い血管として扱い，皮膚組織への環流に際してのみ，血液・組織間の熱交換が生じ，それ以外では移流による熱移動のみを評価する．それ以外の部位の皮膚では，3次元

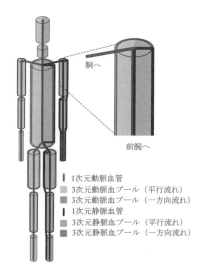

図16-2 大循環における1次元血管と3次元血液プールの配置

（便宜として左半身で動脈系を右半身で静脈系を表す）

- ●● 動脈血管と流れの方向(1次元動脈血管内)
- ✕✕ 動脈血管と流れの設定(3次元動脈プール内)
- 🌼 細動脈血管と流れの設定(3次元動脈プール内)
- → 毛細血管(組織内)
- ✕✕ 細静脈血管と流れの設定(3次元静脈プール内)
- ●● 静脈血管と流れの設定(3次元静脈プール内)
- ▨ 静脈血管と流れの方向(1次元静脈血管内)
- ▨ コア(脳，内臓，骨，筋(組織内))

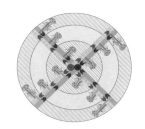 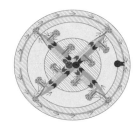

(a)頭，首　　　　(b)上腕，大腿，下腿

図16-3 3次元血液プール断面内の血液流れの例

動脈プール，3次元静脈プールはいずれも細い血管として扱い，1次元表在静脈のみを太い血管として扱う．これにより，見かけ上，皮膚血流の増減により皮膚血流の方向に皮膚熱伝導率が増減する．皮下脂肪の血管，血液プールには，内側の組織における血管，血液プールの熱移動特性と，外側の皮膚組織のそれを滑らかにつなげる特性を設定した．

この人体熱モデルの物質収支式を式(1)，(2)に，熱収支式を式(3)〜(5)に記す．血流をポテンシャル流れと仮定し，1次元動脈血管，静脈血管中の流れもベクトルで記述した．別途，皮膚表面における対流伝熱，放射伝熱，蒸発

伝熱，気管，肺における対流伝熱，蒸発伝熱も組み込んでいる．

動脈血：$\nabla \cdot \mathbf{u}_A + \beta = 0$ ……………………(1)
静脈血：$\nabla \cdot \mathbf{u}_V - \beta = 0$ ……………………(2)
組織(内臓+肺+脳+骨+筋+皮下脂肪+皮膚)：
$$(1-\alpha_A-\alpha_V)\rho_T Cp_T \frac{\partial T_T}{\partial t} = \lambda_T \nabla \cdot \nabla T_T + \beta \rho_B Cp_B (T_A - T_T)$$
$$- h_{AT}(T_T - T_A)A_{AT} - h_{VT}(T_T - T_V)A_{VT} + M \quad \cdots\cdots(3)$$
動脈血（1次元動脈血管+3次元動脈プール）：
$$\alpha_A \rho_B Cp_B \frac{\partial T_A}{\partial t} = -\rho_B Cp_B \nabla \cdot (\mathbf{u}_A T_A) - h_{AT}(T_A - T_T)A_{AT} \quad \cdots\cdots(4)$$
静脈血（1次元静脈血管+3次元静脈プール）：
$$\alpha_V \rho_B Cp_B \frac{\partial T_V}{\partial t} = -\rho_B Cp_B \nabla \cdot (\mathbf{u}_V T_V) + \beta \rho_B Cp_B (T_T - T_V)$$
$$- h_{VT}(T_V - T_T)A_{VT} \quad \cdots\cdots(5)$$

ここに，u_A, u_V：動脈，静脈の血流速ベクトル [m/s]，β：単位体積あたりの血流量[注2] [$m^3/(s \cdot m^3$-tissue)]，α_A, α_V：組織領域における動脈血，静脈血の体積占有率 [N.D.]，ρ_T, ρ_B：3次元組織，血液の密度 [kg/m^3]，Cp_T, Cp_B：3次元組織，血液の比熱 [$J/(kg \cdot K)$]，T_T, T_A, T_V：3次元組織，動脈血，静脈血温度 [K]，t：時間 [sec]，λ_T：3次元組織の熱伝導率 [$W/(m \cdot K)$]，h_{AT}, h_{VT}：3次元組織と動脈血または静脈血間の対流熱伝達率 [$W/(m^2 \cdot K)$]，A_{AT}, A_{VT}：組織と動脈血または静脈血間の対流伝熱面積 [m^2/m^3-tissue]，M：産熱量 [W/m^3]

熱伝導率，密度，比熱，動脈血体積率，静脈血体積率，基礎血流量，基礎代謝量の設定は既往報告[3),5),6),7)]を参照して全身値としての整合性が高い値を設定した．皮膚血流量調節，ふるえ，発汗は横山のモデル[5)]に従う．有限要素法（風上Galerkin法）に基づいてこの人体熱モデルを数値的に解析する．

3. 予測皮膚温分布と実測皮膚温分布の比較

実測皮膚温分布[8)]と人体熱モデルによる予測分布を図16-4に比較する．計算には著者らによる既往の実験[9)]と同様の条件にサーマルマネキンを配置して得た各部位の総合熱伝達率，着衣の部位有効熱抵抗を用いた．

図16-4より全体の傾向としては概ね一致したが，手に不一致も見られた．この理由としては提案している人体熱モデルでは手を一本の円筒で表したが，実際の手には指もあって形状の差が大きいこと，特に指に関する限り内側の骨，筋，脂肪での熱伝導量を過少に見積もり，断熱性を過大に評価していることが考えられる．

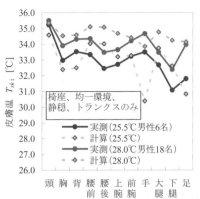

図16-4 人体熱モデルの定常計算値と実測値[8)]の比較

4. おわりに

紹介した人体モデルは全身を微細に分割し，脂肪などの体組成の特性と厚さなどの形状を考慮して3次元熱移動と温度場を解く．このモデルは，体温上昇に伴い表在静脈を介して戻る血液の割合が大きくなり，動脈血と静脈血の1方向流性が強くなる機構を，低温条件では深部静脈を介して戻る割合が多くなり，動脈血と静脈血の対向流性が強くなる機構を有する．熱モデルによる予測皮膚温は実測値より手において低い値となったが，他の部位では概ね一致した．

注1) 3次元血液プール：組織中を走っている複雑な血管網を再現することは困難であることから，血管網とその中にある血液を組織中に均一に分布させた仮想の血液溜まりによって模擬したもの．
注2) 単位体積あたりの血流量：単位時間あたりに，単位体積あたりの組織において，動脈血から静脈血に変わる血液の量．
注3) 表在静脈：皮下脂肪内に配置される静脈．高温環境ではこの静脈を流れて心臓へ戻る血液量が多くなる．
注4) 環流対象の組織：血液が酸素と二酸化炭素の受け渡しを行う組織．

【参考・引用文献】
1) 佐古井ら：不均一熱環境評価のための3次元人体モデルの開発, 2005年度建築学会大会(近畿)学術講演梗概集(環境系D-2), pp.491-492, 2005
2) 大原：皮膚温, 生理学大系 IV-1(吉村, 緒方編), 医学書院, pp.624-652, 1970
3) Smith : A Transient, Three Dimensional Model of the Human Thermal System, Dissertation for PhD, Kansas State University, 1991
4) 高木, 永坂：皮膚の循環, 生理学大系 III(松田編), 医学書院, pp.977-1005, 1969
5) 横山：生体内熱移動現象, 北海道大学図書刊行会, 1993
6) 佐々木：エネルギー代謝, 温熱生理学(中山昭雄編), 理工学社, pp.73-95, 1981
7) 講談社編：からだの地図帳(1989),
8) 佐古井ら：不均一温熱環境の評価法に関する研究- 第1報 不均一放射環境における椅座の被験者実験, 空気調和・衛生工学会論文集 112, pp.23-32, 2006
9) 佐古井ら：不均一温熱環境の評価法に関する研究- 第2報 サーマルマネキンによる不均一放射環境下での局所乾性放熱量の測定, 空気調和・衛生工学会論文集 115, pp.1-7, 2006

(17) 数値サーマルマネキン①

1. はじめに

サーマルマネキンを用いた計測による人体温熱感評価・室内環境評価の代替手段として、数値サーマルマネキンがある。サーマルマネキンによる計測状況を全て数値解析に置き換えることにより、人体生理量、温熱感・快適感などを算出することができる。また近年では、人体の生体内熱移動モデルを組み込み、より高度な人体に関する影響評価も可能となっている。室内の温熱環境が人体温熱感に与える影響を評価するための基礎となるものは、人体熱モデル、周囲環境モデル、人体と周囲環境間の熱移動である。

1.1 人体熱モデル

人体熱モデルは、サーマルマネキン熱制御モデルと生体内熱移動モデルに大きく分けることができる。サーマルマネキン熱制御モデルには、発熱量一定、皮膚温一定、コンフォート制御があり、サーマルマネキンの形状を数値的に表すことにより上記熱制御モデルを組み込むことができる。また、サーマルマネキン内の熱伝導も考慮することが可能である。一方、生体内熱移動モデルでは、体内の熱生産と熱伝導、血流熱輸送による熱移動及び血流量、発汗量、ふるえ産熱量などの体温調節反応を考慮する必要がある。また生体内熱移動のモデル化として、分布定数系、集中定数系があり、分布定数系では Fiala モデル[1]、Fu モデル[2]、Fu モデルを改良した 3DM[3]、Sakoi モデル[4]、集中定数系では Stolwijk モデル[5]、JOS2 モデル[6]、分散二層モデル[7]などがある。

1.2 周囲環境モデル

人体周りの環境を解析する方法として、CFD などによる詳細解析と熱回路モデルに代表される簡易解析がある。

1.3 人体と周囲環境間の熱移動

人体と周囲環境間の熱移動として対流熱伝達、放射熱伝達などの顕熱移動、さらには発汗などによる潜熱移動、物質伝達がある。

なお評価としては、定常・非定常環境、人体全身・部位別、生理量・心理量など多岐に亘っており、今後の研究成果が期待される。

2. 活用事例

サーマルマネキン熱制御モデルを組み込んだ解析事例を紹介する。

曽ら[8]は、当時可能な限り実物に近似させた人体形状を対象として、対流・放射・湿気連成シミュレーションにより発熱量一定、皮膚温一定、コンフォート制御モデルをそれぞれ用いた場合の全熱放熱性状を検討している。Displacement Ventilation 空調方式により空調され、壁面を断熱・断湿した居室における空間温度分布・絶対湿度分布算出結果を図 17-1、人体表面における対流熱伝達量、放射熱伝達量、潜熱伝達量を図 17-2 に示す。

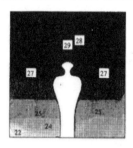
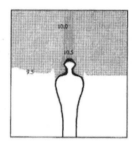

図 17-1 空間温度分布 [°C]・絶対湿度分布 [g/kg]

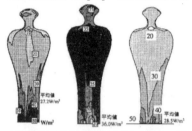

図 17-2 対流熱伝達量、放射熱伝達量、潜熱伝達量

さらに大森ら[9]は、実際の人体形状を正確に模擬した精密人体モデルにコンフォート制御モデルを組み込み、低レイノルズ数型 k-ε 乱流モデルを用いて対流・放射連成解析を行い人体表面における顕熱輸送を精度良く解析している。解析で得られた皮膚温、熱流束を図 17-3 に示す。

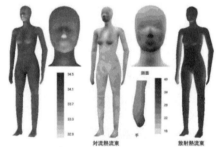

図 17-3 皮膚温 [°C]・対流熱流束 [W/m²]・放射熱流束 [W/m²]

林ら[10]は、呼気と吸気が繰り返される人体周辺の非定常現象を発熱量一定モデルにて解析している。呼吸域内の代表的な風速分布の時刻歴を図 17-4 に示す。

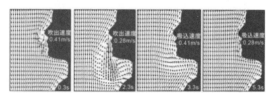

図 17-4 呼吸域内の代表的な風速分布の時刻歴

梁ら[11]は、室内環境における人体部位別の対流熱伝達率のデータベース作成を目的として、一般のオフィス環境におけるデスクやパーティション、パソコン等の什器

が人体各部位の対流熱伝達率に与える影響を検討している。検討結果を図17-5〜図17-6に示す。

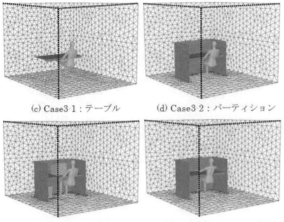

図17-5　対象空間

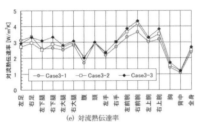

図17-6　座位状態における家具の影響

蛭田ら[12]は、接触熱伝導を考慮した床暖房室内の人体熱収支を検討するために、サーマルマネキンによる皮膚表面温度測定結果と数値グリッドライブラリ[13]を基にした人体形状における表面温度計算結果を比較している。検討結果を図17-7〜図17-8に示す。

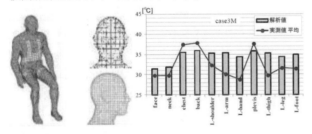

図17-7　人体メッシュ構成　　図17-8　皮膚温表面温度の比較

建築分野以外では、人体に対してより不均一となる自動車空調分野[14]、航空空調分野などでも適用例が見られる。Rita ら[15]は、定常・座位、航空キャビン空調を対象として、人体モデルとCFDを連成することにより皮膚温分布を算出し、さらに局所温熱感、局所快適感を求め、被験者実験結果と比較している。解析結果を図17-9に示す。

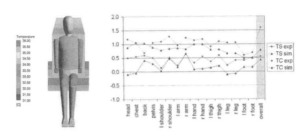

図17-9　航空機内の皮膚温度分布及び局所温熱感、局所快適感算出結果と被験者実験との比較

【参考文献】
1) D.Fiala et al : Computer prediction of human thermoregulatory and temperature responses to a wide range of environmental conditions; Int. J. Biometeorol., No.45, 2001
2) George Fu : A Transient 3D Mathematical Thermal Model for the Clothed Human, KSU, Dissertation, 1995
3) 小川ら：人間-熱環境系快適性数値シミュレータ（その2）体内温度分布を考慮した数値体温調節モデル-3DM, 日本建築学会大会学術講演会梗概集, 2000.9
4) 佐古井ら：3次元人体熱モデルの開発と不均一熱条件下での快適性予測, 空気調和・衛生工学会学術講演会講演論文集, 2005.9
5) J.A.J. Stolwijk et al : Temperature regulation in man - A theoretical study, Pflugers Archiv 291, 1966
6) Y.Kobayashi et al : Development of JOS-2 human thermoregulation model with detailed vascular system, Building and Environment 66, 2013
7) 郡ら：分散二層モデルを用いた局所皮膚温の予測法, 空気調和・衛生工学会論文集, No.88, 200.
8) 曽ら：人体皮膚全熱放熱特性に関するCFD・放射・湿気輸送連成解析, 生産研究, 1998.1
9) 大森ら：対流・放射連成解析による精密人体モデル周りの温熱環境解析, 日本建築学会大会学術講演梗概集, 2002.8
10) 林ら：室内化学物質による呼吸空気質汚染の数値解析とその制御に関する研究 (その9)非定常のCFD解析による呼吸域周辺流れ場と呼吸空気質性状の検討, 日本建築学会大会学術講演梗概集, 2001.9
11) 梁ら：実験及び数値サーマルマネキンを用いた室内環境における人体各部位の対流熱伝達率の測定, 日本建築学会計画系論文集, No.584, 2004.10
12) 蛭田ら：接触熱伝導を考慮した床暖房室内の人体熱収支に関する研究（その1）サーマルマネキンを用いた実験とCFD解析の比較, 日本建築学会大会学術講演梗概集, 2010.9
13) 伊藤ら：数値解析用Virtual Manikinの開発とグリッドライブラリ作成, 空気調和衛生工学会論文集, No.113, 2006.8
14) 自動車室内環境2013総合技術レビュー, 自動車技術会
15) Rita Streblow : Thermal Sensation and Comfort Model for Inhomogeneous Indoor Environments, RWTH AACHEN Univ., Ph.D., 2010

(17) 数値サーマルマネキン②

1. はじめに

サーマルマネキンは建物内や車室内に形成される温熱環境を人体の快適性や温冷感の面から評価するために使われているが，高額であることから広く使用されるまでには至ってない．一方，近年の計算機とCFDソフトウェアの発展により熱流体解析は設計現場で使用されるなど一般的になってきており，今後数値サーマルマネキンが使用される機会が増えるものと予想される．サーマルマネキンが設置された解析対象空間全体をシミュレーションしようとする場合，サーマルマネキンを数値サーマルマネキンという．数値シミュレーションには，モデル化，数値解法，乱流モデル等に起因する種々の誤差が不可避的に内在することが否定できない．そのため，境界条件が明確な実験と比較することによりシミュレーション結果の妥当性を検証することが望ましい．シミュレーション検証用のサーマルマネキン実験データはいくつかのケースが提案・公表されている[1]．ここでは，気流中に置かれたサーマルマネキンを対象とした数値サーマルマネキンのベンチマークテストの結果を二例紹介する．

2. 対向流中に置かれたサーマルマネキンの解析[2]

2.1 実験の概要[3]

図17-10に実験装置の概要を示す．幅1.2 m×奥行2.44 m×高さ2.46 mの直方体チャンバーの後方の壁の，天井から0.6 m，床から0.6 mの各位置にそれぞれ直径0.25 mの排気口が設置されている．これらの排気口はダクトを介して排気ファンに接続されている．前方の流入部から温度20.4 ℃，速度0.27 m/sで一様に空気が流入するように意図した実験が行われた．サーマルマネキンはチャンバーの中央に裸体で設置され，表面温度34 ℃一定に制御された．

図17-11に示す各位置（L1〜L4）で温度と速度の分布，およびチャンバー内各点の表面温度が測定された．サーマルマネキン各部位の放熱量を含む測定結果はエクセル表にまとめられ公表されている．

2.2 解析の概要

(1) 解析条件 表17-1に境界条件を示す．差分スキームはMARS，計算アルゴリズムはSIMPLEを採用し，k-ωSST乱流モデルを用いた．放射解析はモンテカルロ法

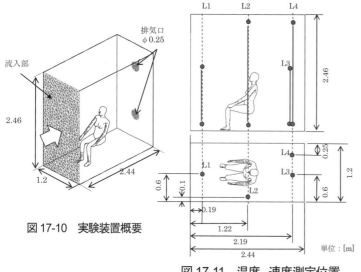

図17-10 実験装置概要

図17-11 温度，速度測定位置

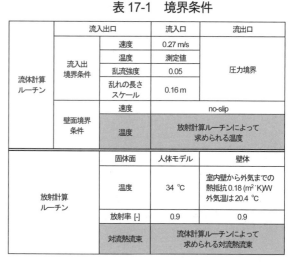

表17-1 境界条件

	流入出	流入口	流出口
流体計算ルーチン	流入出境界条件	速度	0.27 m/s	圧力境界
		温度	測定値	
		乱流強度	0.05	
		乱れの長さスケール	0.16 m	
	壁面境界条件	速度	no-slip	
		温度	放射計算ルーチンによって求められる温度	
放射計算ルーチン		固体面	人体モデル	壁体
	温度		34 ℃	室内壁から外気までの熱抵抗0.18 (m²K)/W 外気温は20.4 ℃
	放射率 [-]		0.9	0.9
	対流熱流束		流体計算ルーチンによって求められる対流熱流束	

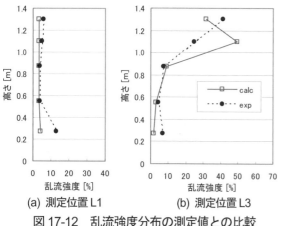

(a) 測定位置L1 (b) 測定位置L3

図17-12 乱流強度分布の測定値との比較

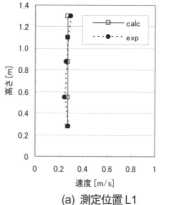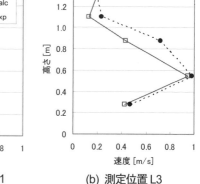

(a) 測定位置L1 (b) 測定位置L3

図17-13 速度分布の測定値との比較

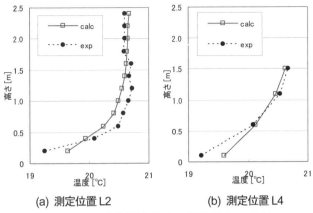

(a) 測定位置 L2　　(b) 測定位置 L4

図 17-14　空気温度分布の測定値との比較

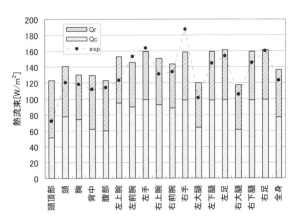

図 17-15　人体各部位の熱損失量の乱流モデルによる比較

とゾーン法を組み合わせた解法を用いた[4]．固体表面分割数は約 76,000（内，人体表面メッシュ分割数約 56,000），空間セル数 120,000 である．壁面第一セルの厚さは，人体表面で 0.5 mm，チャンバーで 1 mm とし，拡大率 1.1 で 5 層の境界層メッシュを作成した．

(2) 解析結果　測定位置 L1 と L3 における乱流強度と速度分布を図 17-12, 13 に，測定位置 L2 と L4 における空気温度を図 17-14 にそれぞれ示す．計算値は測定値とおおむね一致している．

人体各部位の熱損失量（熱流束）を図 17-15 に示す．棒グラフの Q_r と Q_c は放射熱損失量と対流熱損失量の計算値である．頭頂部を除いて測定値とおおむね一致した．

3. 風洞内に設置されたサーマルマネキン

図 17-16 は，「(5) 熱伝達率の測定②」で紹介した風洞内に設置した立位サーマルマネキンを対象に k-ωSST 乱流モデルを用いて流入風速 1 m/s の場合のシミュレーションを行った結果である．流入風はサーマルマネキン正面に衝突後，その背後に速度の遅い後流を生ずる．人体正面の全熱損失量と対流熱損失量は背面に比べて大きい．対流熱損失量は手，鼻，下腿部で大きい．このように人体局所の詳細な放熱量分布を予測できることが数値サーマルマネキンの特長の一つである．全熱損失量の予測値は実験値に比べてやや大きいが概ね一致している．Mesh1（サーマルマネキン表面のメッシュ数 6,100）と Mesh2（サーマルマネキン表面のメッシュ数 57,700）の差は大きくなく，メッシュ依存性は小さい．

【参考文献】
1) P. V. Nielsen, S. Murakami, S. Kato, C. Topp and J. H. Yang : Benchmark Tests for a Computer Simulated Person, ISSN 1395-7953 R0307, 2003
2) 大森, 倉渕：汎用 CFD コードによる数値サーマルマネキンのベンチマークテスト, 日本建築学会大会学術講演梗概集, pp.349-350, 2009
3) H.B. Nilsson, and P. V. Nielsen : www.cfd-benchmarks.com/
4) 大森, 梁, 加藤, 村上：大規模・複雑形状に対応する対流・放射連成シミュレーション用放射伝熱解析法の開発, 第 1 報 - モンテカルロ法をベースとした高精度放射伝熱解析法, 空気調和・衛生工学会論文集, No.88, pp.103-113, 2003

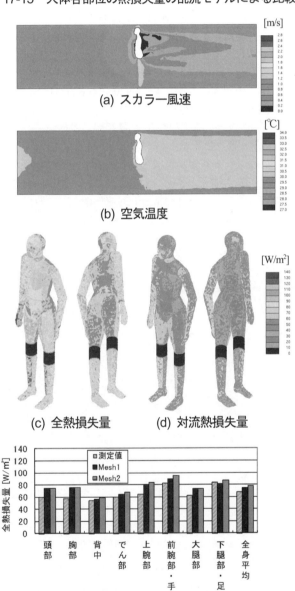

(a) スカラー風速

(b) 空気温度

(c) 全熱損失量　　(d) 対流熱損失量

(e) 全熱損失量の実験値との比較

図 17-16　風洞内に設置されたサーマルマネキンのシミュレーション結果（流入風速 1m/s）

(18) 数値人体モデルのグリッドライブラリ

1. はじめに

　省エネルギー性と快適性の両者の向上を目指し、不均一環境場を積極的に利用した人体周辺微気象の環境制御手法に関する研究・開発が多くの研究機関で進められている。近年ではインフルエンザ感染に代表される室内環境中での感染伝播問題にも社会的関心が集まっており、呼吸空気質問題である経気道暴露や、接触を含む経皮暴露問題の予測・評価・制御の観点で、人体周辺微気象解析が果たす重要性も認知され始めている[1]。

　数値解析による予測・検証を前提とした場合、環境制御の対象が精緻化するに伴い、直接の制御対象となる人体形状に関してもより精密なモデルが要求される。すなわち、男女差や年齢による体格の相違や姿勢等まで配慮した各種の数値人体モデル（Computer Simulated Person や Numerical Thermal Manikin と呼ばれることが多いが本稿では Virtual Manikin と呼ぶ）の適用が、数値解析の精度上、必要とされることもある。ここでは、児童スケール、成人男性スケールおよび成人女性スケールの3種類の人体スケールに加え、各々のモデルで立位と座位を再現した数値人体モデル Virtual Manikin を作成し、これらのメッシュデータをライブラリ化することで、各種の汎用流体解析ソフトウェアでの使用が可能なフォーマットで整備された例を紹介する[2]。

2. 数値人体モデルメッシュデータの概要

　一般的に人体形状を詳細に再現する数値人体モデルは複雑形状となり、それ故、非構造格子の適用が前提となる。そのため、一般には市場流通している汎用的な熱流体ソフトを用いて解析を行うことになろう。この前提にたてば、自作コードでのみ使用可能な数値人体モデルではなく、市場シェアの相対的に高い各種の汎用熱流体ソフトで使用可能な数値人体モデル Virtual Manikin を作成し、公開することは数値人体モデルを使用した研究開発の基盤整備に相当し、本分野の研究者や技術者の利便性が向上する。

　本稿では、汎用の流体解析ソフトに対して、特別なコンバータを必要とせずに容易に適用が可能で、且つ各種の環境解析に使用可能な Virtual Manikin の作成を目指し、成人男女ならびに7歳児程度の子供の人体スケールを再現した Virtual Manikin を作成した例を紹介する[2]。ここで紹介する Virtual Manikin は年齢、性別に起因する人体形状の相違に加え、座位モデルと立位モデルの2種類の姿勢を対象とした計6種類の Virtual Manikin である。

　詳細に人体形状を再現するため、耳、鼻等の幾何形状もある程度再現されている。

　作成する Virtual Manikin は文献データ[3,4]を参考に日本人の平均的な人体スケール・形状を模擬した。立位、座位を含む人体幾何形状は Poser 4.0J （Curious Labs）を用いて概略を作成し、形状データを DXF 形式にて出力後、3次元 CAD ソフトにて全体形状のアウトラインのみのデータに簡略化する。特に空間メッシュ割付の際にデッドポイントと成りうる目、鼻、唇等の窪みをスムーズに修正すると共に、全体の形状を整える。その後、IGIS 形式にて出力し、汎用メッシュジェネレータである Gridgen V15 （VINAS）にて読み込み、インポートした IGIS データをテンプレートとして参考にした上で、その上からオリジナルの人体形状を作成している。図18-1 には人体モデルを含む周囲のメッシュデザインの例、表18-1 に数値人体モデル Virtual Manikin の概要の他、7歳児モデル（Child Model）、成人男性モデル（Male Model）、成人女性モデル（Female Model）の各 Virtual Manikin の基本情報を示している。例えば、7歳児モデル（Child Model）の表面積は立位、座位共に約 0.85 m^2 である。人体表面の最小メッシュは、全てのモデルにて顔に配置されており、0.49 mm^2 である。表面総メッシュは 20,000 メッシュ前後としている。Virtual Manikin は実験用のサーマルマネキンの制御に合わせて 17 部位にサーフェスをグループ化しており、汎用の熱流体ソフトの機能を用いて各部位の放熱量、表面温度等を解析することが可能である。

　また、作成した Virtual Manikin は汎用的な熱流体ソフト（CFD コード）での使用を目的として、①人体表面メッシュ（トリゴンメッシュ）のみを施したグリッドデータ、②人体表面法線方向に約 1 mm 幅で4メッシュ分のプリズムメッシュを配したグリッドデータ、の2種類を用意し、汎用のグリッドライブラリ化している。特に②は、壁面境界(皮膚表面)条件として No-slip 条件を課し、人体表面に形成される境界層粘性底層までの解像を意図したメッシュデータである。

3. WEBによる情報公開

　本稿で紹介した Virtual Manikin のグリッドライブラリは WEB 上にて公開しており、ダウンロードが可能である（http://www.phe-kyudai.jp/research_01.html）。グリッドデータは汎用の商用流体解析コードでの適用を意図して、ANSYS/FLUENT®等の数種類のフォーマットで提供している。Virtual Manikin のグリッドデータを用意して公開することで、人体モデルの幾何形状作成という煩雑な作業を割愛することが可能となり、詳細な室内環境解析、微気象解析への適用が容易となる。結果として、より実現象に沿った解析を実施することが可能となろう。

4. 数値人体モデルの展開

　数値人体モデルを用いた経気道暴露濃度予測の高精度化に向け、鼻腔・口腔から気管支・肺までを数値的に再現した数値気道モデル開発に関する研究も進められている。本稿で紹介した数値人体モデルのグリッドデータは、そ

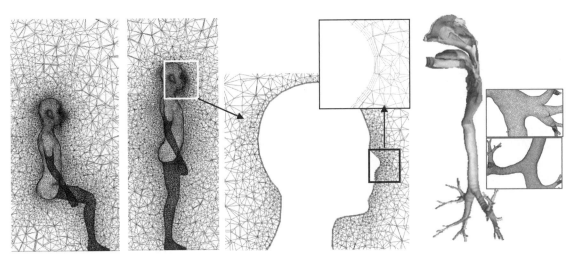

図 18-1　数値人体モデル周囲のグリッドデザイン　　　　図 18-2　数値気道モデル[5]

表 18-1　数値人体モデル Virtual Manikin の詳細情報[2]

Segment	Seated Model			Standing Model		
	(a) Child	(b) Male	(c) Female	(a) Child	(b) Male	(c) Female
Area of Whole Body [m^2]	0.848	1.681	1.308	0.847	1.745	1.317
Volume of Whole Body [m^3]	0.022	0.063	0.040	0.022	0.064	0.040
Height of Body [m]	1.048	1.351	1.236	1.289	1.736	1.584
Smallest Surface Mesh Size [mm^2]	0.490	0.562	0.746	0.490	0.469	0.652
Largest Surface Mesh Size [mm^2]	154.933	468.185	380.490	151.715	425.013	372.035
The Number of Surface Mesh	20,085	44,620	36,742	18,971	44,974	35,500
Area of Left and Right Foot [m^2]	0.023	0.048	0.035	0.023	0.048	0.035
Area of Left and Right Leg [m^2]	0.063	0.112	0.091	0.060	0.111	0.088
Area of Left and Right Thigh [m^2]	0.079	0.165	0.141	0.071	0.151	0.124
Area of Left and Right Hand [m^2]	0.019	0.036	0.024	0.019	0.038	0.024
Area of Left and Right Arm [m^2]	0.030	0.061	0.040	0.030	0.071	0.040
Area of Left and Right Shoulder [m^2]	0.035	0.071	0.058	0.037	0.074	0.058
Area of Pelvis [m^2]	0.102	0.187	0.162	0.123	0.265	0.212
Area of Chest [m^2]	0.079	0.186	0.139	0.079	0.190	0.139
Area of Back [m^2]	0.073	0.155	0.084	0.068	0.127	0.084
Area of Face [m^2]	0.036	0.061	0.046	0.036	0.062	0.046
Area of Neck [m^2]	0.059	0.077	0.076	0.059	0.086	0.076

のアドオンモデュールとして直接統合が可能な数値気道モデルも作成されている。その概要を図 18-2 に示す。鼻腔・口腔開口面積と幾何形状が人体モデルと気道モデルで完全に共有されており、Flux 保存を仮定することでそのまま連成解析を実施することが可能である。

数値人体モデルと気道モデルの統合解析は呼吸空気質予測の高精度化にとどまらず、気道内の熱水分移動の高精度予測を基にして人体熱モデルの高精度化にも貢献が期待される。

【参考文献】
1) Murakami, S., Kato, S., Zeng, J. : Flow and Temperature fields around human body with various room air distribution, CFD study on Computational thermal manikin part 1, ASHRAE Transactions, 103, Part 1, 1997
2) 伊藤一秀, 堀田太郎：数値解析用 Virtual Manikin の開発とグリッドライブラリ作成, 空気調和衛生工学会論文集, No.113, pp.27-34, 2006
3) 厚生統計協会：国民衛生の動向, 2001
4) 中山昭雄：温熱生理学, 1981
5) Nguyen Lu Phuong, 伊藤一秀：数値気道モデルの開発と気道内対流熱伝達・粒子拡散予測, 空気調和衛生工学会論文集, No.190, pp.31-39, 2013

(19) 様々なマネキン

1. はじめに

ここでは，特殊な環境条件を測定するための機能を持った様々なサーマルマネキンとその測定事例を紹介する．

2. 呼吸機能を持つサーマルマネキン

人体近傍には，体温による上昇気流が生じている．人間は，この上昇気流の中で呼吸をしているため，室内の代表点で測定した空気質と呼気の空気質は異なる可能性がある．そこで，呼吸機能を持つサーマルマネキン（ブリージングサーマルマネキン）を用いることで，人が吸入している空気をより実際の環境に近い状態でサンプリングすることができる．

田辺ら[1]は，呼吸機能を持つサーマルマネキンを用いて感染対策手法の効果を評価することを目的とした実験を行っている．診察室を想定した実験室において，模擬咳気流発生装置から模擬咳気流を発生させ，医師を模擬したブリージングサーマルマネキンの呼吸域でトレーサーガスである二酸化炭素濃度を測定した．患者と医師の人体配置を変更した条件，局所気流を発生させた条件，2体の間に隔壁を設置した条件やマスクを装着させた条件を設定し，医師が汚染物質に曝露されるリスクが低減するかどうかの検討を行っている．

図 19-1 呼吸機能を持つサーマルマネキンを用いた測定例 （早稲田大学田辺研 Anne）

3. ベビーサーマルマネキン

一般的にサーマルマネキンは成人男女を模擬している物が多い．一方，子供の身体特徴として，体重あたりの体表面積が成人より大きいという特徴がある．また，乳幼児期には着衣量調整が母親の温度感覚に基づきなされることが多く[2]，母親によって選択された着衣が乳児にとって快適かどうか不明であることが指摘されている．

そこで，深沢らはサーマルマネキンを用いて乳幼児衣服アンサンブルの熱抵抗を測定し，気温との関係から乳幼児にとって温熱的に適正な着衣量を検討している[3]．

この研究では，生後半年の日本人乳幼児の平均体型を模擬したベビーサーマルマネキンが使用されている．ベビーサーマルマネキンの身長は0.6 mであり，分割は頭部前後，体幹前後，上肢左右，下肢左右の計8部位である[4]．制御方法は，各部位の表面温度が33℃となる定温度制御を採用した．測定結果より，乳幼児の着衣アンサンブルは，軽量であるものの，乳幼児の身体に対してその熱抵抗が大きいことが報告されている．

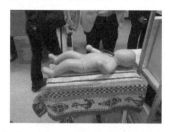

図 19-2 ベビーサーマルマネキン(九州大学栃原研)

4. 発汗マネキン

顕熱のみを取扱うサーマルマネキンが多いなか，発汗を模擬し汗の蒸発現象を取り扱うことのできるマネキンが開発されている．図 19-3 に発汗マネキンを示す．

森下ら[5]は，日本人成人男性を模擬し，全身を9分割（体幹前，体幹後，腰，左右腕，左右大腿，左右下腿）した厚さ4 mmのアルミ合金製の鋳造ボディで表面にアルマイト加工を施して黒色とした少量〜多量発汗可能なマネキンを開発した．このマネキンは，両肩・大腿部・膝に関節を備え，「立つ・寝る・座る」姿勢変化が可能である．このマネキンを用い，ワーキングウェア[6]・ポロシャツ[7]・シャツ[8]の快適性評価，姿勢による違い[9]，寝具の評価[10]をしている．

田村らはサーマルマネキン AYA を改良した発汗マネキンを開発した[11]．AYA は平均的な日本人女性の体躯を模擬し13部位に分割されており，5 mm厚のアルミニウム合金でできている．全体表面は厚み0.57 mmの100 %コットンで覆われている．頭上の水槽から輸血用装置を用いて0.05 ml/min〜0.84 ml/minの範囲で制御された水が各部位に供給される．ぬれ率は1.0〜0.06 の間で制御することができる．このマネキンを用いて，衣服の蒸発熱抵抗について検討を行っている．その後，1995 年に重度発汗中に分泌される液体を排出する発汗／排尿マネキンのプロトタイプを作製した[12]．さらに，2006 年には，コア温とシェル温を独立制御可能な発汗マネキン JUN を開発した[13]．JUN は成人男性を模擬しており，全身に分布した180 の汗腺から汗を出すことができる．

図 19-3 発汗マネキン
（左：東洋紡，右：文化学園大田村研 "AYA", "JUN"）

また，人体の組織の柔軟性や可動性により，サーマルマネキン測定時と熱・湿気移動特性が変わる可能性がある．田村は柔らかい組織を用いて，人間の頭部を模擬できるソフト発汗マネキンを開発した[12]．図19-4にソフト発汗マネキンを示す．このマネキンを用いて，帽子，ウィッグ，ヘルメット，マスク，メガネといった頭部装着物の発汗特性評価に用いられることが期待される．

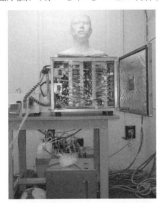

図19-4　ソフト発汗マネキン（文化学園大学田村研）

5. 消防用防火服の性能評価のためのマネキン測定事例

防護服着用時の暑熱ストレスは，消防士にとって重大な問題である．上野ら[14]は室内環境においてサーマルマネキンを用いた防火服の顕熱抵抗測定を行い，防火服の材質，サイズ，ズボンの長さの違いについて検討を行った．この実験で用いられたサーマルマネキン（Northwest社，NEWTON）は，総体表面積1.8 m^2，26部位から成り，温度センサと発熱抵抗線が埋め込まれている．アルミニウムにエポキシ樹脂を混ぜた薄い層でコーティングされている．また，田村らの開発した発汗マネキンを用いて消防用防火服の快適性評価を行った事例もある[15), 16)]．

また，火災時に消防隊員が火炎に直接曝露された時に着用している防火服が，どの程度の防護性能を持つかを熱傷程度や熱傷範囲で評価するためのサーマルマネキンもある[16)]．マネキンを用いた防護服の耐炎性能評価試験方法に関しては，ISO 13506[17)]で定められている．試験に使用されるinstrumented manikin（サーマルマネキン）は，head, chest/back, abdomen/buttocks, arms, hands, legs, feetから構成される成人の模擬人体で，セラミックスやガラスで強化されたビニルエステル樹脂のような耐炎性で熱的に安定な材料で作られており，シェルの厚みは3mm以上のものとしている．このマネキンに防護服を着せ，熱流束，曝露時間，火炎分布を制御した火炎に曝露する．防御服を通過して人体が受ける受熱量をマネキンに内蔵した100個以上の熱流センサで測定し，第一度・第二度・第三度熱傷，熱傷面積，痛みを感じる時間を予測する．

測定例として公表されているものとしては，消防研究所が行った研究がある[15), 16)]．

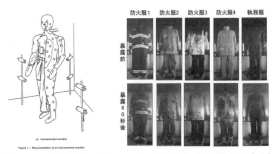

図19-5　防火服のサーマルマネキンと測定例[16), 17)]

6. 局所マネキン（手部・頭部・足部）

全身マネキンの他に，手袋，履き物，被り物の熱特性をより詳細に測定するため，手部・頭部・足部のマネキンが開発されている．これらのマネキンの概要は，文献18)にまとめられている

6.1 手マネキン概要（Thermal hand model）

各指，手の平，手背，手首，前腕，保護部の10部位に分割されている．風のある環境下で手袋をマネキンに着用させ，風の影響や手袋を2重にした場合の測定を行っている．図19-6に手マネキンの分割と測定例を示す[18)]．

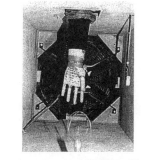
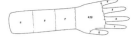

図19-6　手マネキンの分割（左）と測定風景[18)]
（Lund University）

6.2 頭部マネキン（Thermal head model）

図19-7に頭部マネキンを示す．頭頂部，目を含む前額，顔，左右の耳，首の6部位に分割されている．また，5つの汗腺を持ち，綿の皮膚で覆われている．髪の毛はなく，水は液体の状態でのみ供給されている．各部位の生理学的な発汗分布は考慮されていない．暑熱環境下での安全ヘルメットの評価に用いられている．

図19-7　頭部マネキン（Lund University）

6.3 足マネキン (Thermal foot model)

ブーツ着用時のぬれや複合要因について評価が可能である．足指，足の裏，かかと，足中部，足首，ふくらはぎの下部・中部，保護部の8部位に分割されている．足指の先端，足裏下，足首横に3つの汗腺をもつ．柔軟な足首接合部があり，ブーツの着脱が簡単に行えるようになっている．足のサイズは40，はかせるブーツのサイズは41である．70 kgの人が立っていることを想定してマネキン上部に35 kgの荷重をかけて測定を行う．図19-8に足マネキンを示す．

図 19-8 足マネキン (Lund University)

7. まとめ

本稿では，様々なサーマルマネキンとその測定事例を紹介した．詳細な測定条件や結果については，それぞれの文献を参照されたい．

[参考文献]
1) 田辺ら：医療・福祉施設における感染リスク低減に関する研究 (その1～6)，日本建築学会大会学術講演梗概集，pp.835-848, 2010
2) 荒木ら：乳児の着衣重量に及ぼす母親の寒暑感覚の影響，学校保健教育，8, pp. 393-399
3) 深沢ら：九州地方における乳幼児着衣状態の季節変動とその衣服熱抵抗，日本家政学会誌，Vol. 60, No.7, pp.635-643, 2009
4) T Fukazawa et al.: Usability of Newly Developed Thermal Manikin of Infant to Assess Thermal Stress in Various Environment, Proc. Proc. of the 11th International Conference on Environmental Ergonomics, pp. 618-619, 2005
5) 森下：高性能発汗マネキンの開発，繊維製品消費科学，44(12), pp.768-773, 2003
6) 森下：高性能発汗マネキンによる衣服評価--ワーキングウェアの評価，繊維製品消費科学，44(12), pp. 774-779, 2003
7) 森下：資料 高性能発汗マネキンによる衣服評価--素材・加工の異なるポロシャツの評価，繊維製品消費科学，45(1), pp. 37-42, 2004
8) 森下：高性能発汗マネキンによる衣服評価--供給電力制御による快適シャツの評価，繊維製品消費科学，45(2), pp. 129-133, 2004
9) 森下：資料 高性能発汗マネキンによる衣服評価--姿勢変化(座位・寝位)での評価，繊維製品消費科学，45(1), pp. 43-50, 2004
10) 森下ら：被験者実験および発汗マネキンによる敷布団の体圧分布・沈み量と寝床内温湿度との関係，繊維製品消費科学，45(3), pp.198-206, 2004
11) T. Tamura et al. Thermal Control System for a Sweating Manikin, J. Home Econ. Jpn., Vol. 44, No. 8, pp. 671-677, 1993
12) T Tamura: Benefit of Promoting Japanese "COOL BIZ" by Utilizing a Sweating Thermal Manikin, Proc. of 9I3M, 2012
13) T Tamura : Development of Two-Layer Movable Sweating Thermal Manikin, Industrial Health, 44, pp.441-444, 2006
14) 上野哲ら：サーマルマネキンを使った防火服の顕熱抵抗測定，労働安全衛生研究，Vol.1, No. 3, pp.189-196, 2008
15) (独)消防研究所: 消防用防火服の快適性能，機能性能の評価に関する研究報告書，消防研究所研究資料64号，2004
16) (独)消防研究所: 消防用防火服の総合的な評価手法に関する研究報告書，消防研究所研究資料68号，2005
17) ISO 13506: Protective clothing against heat and flame -Test method for complete garments- Prediction of burn injury using an instrumented manikin, 2008
18) K Kuklane, H Nilsson, I Holmér, X Liu: Method for handwear, footwear and headgear evaluation., Proc. of European seminar on Thermal Manikin Testing, pp. 23-29, 1997

日本建築学会環境基準
AIJES-H0005-2015
サーマルマネキンを用いた室内温熱環境評価法規準・同解説

2015年2月20日　第1版第1刷

編　　集　一般社団法人　日本建築学会
著作人

印　刷　所　昭和情報プロセス株式会社

発　行　所　一般社団法人　日本建築学会
　　　　　　108-8414　東京都港区芝 5-26-20
　　　　　　電　話・（03）3456-2051
　　　　　　FAX・（03）3456-2058
　　　　　　http://www.aij.or.jp/

発　売　所　丸善出版株式会社
　　　　　　101-0051　東京都千代田区神田神保町 2-17
　　　　　　　　　　　神田神保町ビル
　　　　　　電　話・（03）3512-3256

Ⓒ 日本建築学会 2015

ISBN978-4-8189-3625-6　C3352